高校生の英単語・英熟語

JN070004

本書の使い方

中学校の復習の範囲を中心に，英語の基礎的な力が身につけられるよう編修しました。問題にはチェックボックスをつけています。反復練習などにご活用ください。

本書の構成

　要点整理　　単元のポイントをまとめ，例題を掲載しました。

　練習問題　　単元で学習した内容を定着させるための問題です。難しい問題には ヒント を掲載しました。

　Step問題　　数単元ごとに，学習内容を整理・確認できるよう掲載しました。Step問題1 は単元 **1** ～ **4** ，Step問題2は単元 **5** ～ **8** ，Step問題3は単元 **9** ～ **13** ，Step問題4は単元 **14** ～ **19** の内容を取り扱っています。

　達成度確認テスト　　最後に取り組み，本書での学習の成果を確認してみましょう。

1 be動詞・一般動詞

◆ 要点整理 ◆ ─────

動詞とは「動作」や「状態」を表し，be 動詞と一般動詞の２つがある。

■ be 動詞：「～だ，～である」の意味。am，are，is/was，were で表す。

    I am Ken.   私はケンです。
    現在形の be 動詞

■ 一般動詞：「～する」の意味。動作，状態を表す。不規則動詞と規則動詞にわけられる。

    I study English.   私は英語を勉強する。
    動詞の原形

現在の文では，主語が３人称単数（he, she, it と，he, she, it に置きかえられる単語）のとき，動詞に s, es をつける。過去の文では，規則動詞は主語に関係なく，動詞に ed をつける。

主語	現在形	過去形
I	am	was
you と複数	are	were
３人称単数	is	was

s，es のつけ方
①基本は s をつける。know→knows
②語尾が s, sh, ch, x, o のときは es をつける。watch→watches
③語尾が〈子音字＋y〉のとき，y を i にかえて es をつける。study→studies

過去形の作り方（規則動詞）
①基本は ed をつける。wash→washed
②語尾が e で終わるときは d をつける。like→liked
③語尾が〈子音字＋y〉のとき，y を i にかえて ed をつける。study→studied
④語尾が〈短母音＋子音字〉のとき，子音字を重ねて ed をつける。stop→stopped

形が不規則に変化する過去形（不規則動詞）
break→broke, cut→cut, go→went, take→took

My name is ～. で
自己紹介してみよう！

＊p.6，p.44 もあわせて参照する。

─────

例題　次の日本文に合うように（　　　）に適する語を書きなさい。

(1)　私は高校生です。　　　I（　　　　　　）a high school student.

(2)　彼女は毎日，本を読みます。　　She（　　　　　　）a book every day.

(3)　彼らは去年，アメリカに住んでいました。　　They（　　　　　　）in America last year.

◆ 練 習 問 題 ◆

正答数
問／20問

1　次の日本文に合うように（　　　）内に適する語を書きなさい。

ヒント

□(1)　彼はとても背が高い。

    He（　　　　　　）very tall.

□(2)　クミはテニスがとても好きです。

    Kumi（　　　　　　）tennis very much.

1 (2)like ～ very much
「とても～が好き」

□(3)　これらの人形は私の娘のものです。

    These dolls（　　　　　　）my daughter's.

(3)主語 These dolls は複数。

□(4)　あなたの子どもたちは昨夜，公園にいましたか。

    （　　　　　　）your children in the park last night?

(4)be 動詞は存在の意味「いる，ある」の意味も表す。

2　（　　）内から適する語を選び，○で囲みなさい。

□(1)　(Is / Are / Was) your mother at home now?

□(2)　His tennis racket (is / am / are) very new.

□(3)　She (study / studies / studied) English yesterday.

□(4)　I don't (have / has / had) a pen in my hand.

ヒント

2　(3)yesterday があるので過去の文となる。
(4)一般動詞の否定文では，do not（短縮形は don't）のあとに動詞の原形を置く。

3　次の各疑問文の答えとして最も適当なものをア〜ウから選びなさい。

□(1)　Do you say goodbye to friends?

　　　ア　Yes, I am.　イ　Yes, I do.　ウ　Yes, I did.

□(2)　Is your sister a college student?

　　　ア　No, she isn't.　イ　No, she doesn't.　ウ　No, she wasn't.

□(3)　Is that boy from America or from Canada?

　　　ア　No, he isn't.　イ　I'm from Canada.　ウ　He is from Canada.

3　(1)一般動詞の疑問文は〈Do(Does)＋主語＋動詞の原形〜?〉で表す。答え方は〈Yes, 主語＋do(does).〉〈No, 主語＋do(does) not.〉で表す。
say goodbye to 〜「〜にさよならを言う」
(2)be 動詞の疑問文は be 動詞を文頭に置く。
(3)主語は that boy である。

4　日本文に合うように　　　内の語(句)を並べかえ，全文で書きなさい。

□(1)　彼女はこの学校で数学を教えます。

　　　(teaches, at this school, she, math) .

□(2)　あれらの新しい自転車はあなたのものですか。

　　　(yours, new, those, are, bikes) ?

□(3)　今は午前７時ではありません。

　　　(now, not, the, seven, is, it, in, morning) .

4　(3)it は時刻を表す。「それは」と訳さない。

5　次の中から適語を選び，適当な形に直して　　　内に書きなさい。

| get, go, have, help, rain, read |

□(1)　I (　　　　　) my mother yesterday.

□(2)　She (　　　　　) a book every day.

□(3)　It (　　　　　) a lot in Osaka last night.

□(4)　The earth (　　　　　) around the sun.

□(5)　Does Jane (　　　　　) any friends in Japan?

□(6)　My mother (　　　　　) up early every morning.

5　時を表す語句 yesterday, every day, last night に注意する。

2 進行形・未来を表す表現

◆要点整理◆

進行形とは「まさに動作をしている最中」を表し，現在進行形と過去進行形がある。

■ 現在進行形：〈現在形の be 動詞＋動詞の ing 形〉「〜している」

I am studying English now.　私は今，英語の勉強をしています。
　　現在形　動詞の ing 形

■ 過去進行形：〈過去形の be 動詞＋動詞の ing 形〉「〜していた」

I was playing baseball.　私は野球をしていました。
　　過去形　動詞の ing 形

> **動詞の ing 形の作り方**
> ①基本はそのまま ing をつける。go→going
> ②語尾が e で終わるときは，e をとって ing をつける。use→using
> ③語尾が〈短母音＋子音字〉のときは，子音字を重ねて ing をつける。run→running
> ④語尾が ie で終わるときは，ie を y にかえて ing をつける。lie→lying

未来を表す表現とは「未来の予定や計画」を表し，以下のようなものがある。

■〈be 動詞＋going to＋動詞の原形〉「〜するつもりだ」「〜する予定だ」

He is going to visit Okinawa.　彼は沖縄を訪れる予定です。
　　be 動詞　　　動詞の原形

■〈will＋動詞の原形〉「〜するだろう」「〜するつもりだ」

It will be sunny tomorrow.　明日は晴れるでしょう。
　　動詞の原形

- -

例題　次の日本文に合うように（　　）に適する語を書きなさい。

(1) 彼は今，テレビで野球の試合を見ているところです。

　　He is（　　　　　）a baseball game on TV now.

(2) 私たちは明日，カメラを買うつもりです。

　　We are（　　　　　）to buy a camera tomorrow.

(3) 彼女は来週，ここに来るでしょう。

　　She（　　　　　）come here next week.

◎ 練習問題

1　次の日本文に合うように（　　）内に適する語を書きなさい。

☐(1) 彼女は今，昼食を料理しているところです。

　　She is（　　　　　）lunch now.

☐(2) ボブはそのとき，部屋を掃除していました。

　　Bob（　　　　　）cleaning his room then.

☐(3) 私の祖母が明日，私を公園へつれていってくれます。

　　My grandmother（　　　　　）take me to the park tomorrow.

ヒント

1 (2)then「そのとき」

(3)空所のあとに動詞の原形が続いていることに注意する。

2 次の各疑問文の答えとして最も適当なものをア〜ウから選びなさい。

☐(1) Is Mr. Kato writing a letter to Ken now?

　　ア　Yes, he does.　イ　Yes, he was.　ウ　Yes, he is.

☐(2) Will you be busy tomorrow?

　　ア　No, I won't.　イ　No, I am not.　ウ　No, I was not.

☐(3) Were you helping your mother in the kitchen yesterday?

　　ア　No, I wasn't.　イ　No, I am not.　ウ　Yes, I am.

☐(4) Are you going to do your homework tonight?

　　ア　Yes, I do.　イ　Yes, I am.　ウ　Yes, I will.

☐(5) Where are you going to visit next Sunday?

　　ア　Yes, I am.　イ　I'm going to visit the zoo.

　　ウ　I'm going to the park.

3 日本文に合うように（　　）内の語(句)を並べかえ, 全文で書きなさい。

☐(1) あなたはそのとき, その歌を歌っていました。

　　(then,　the song,　were,　you,　singing).

_____

☐(2) 私は来月, 20歳になります。

　　(next,　be,　month,　years old,　will,　I,　twenty).

_____

☐(3) 彼らは野球を練習しないでしょう。

　　(not,　going,　they,　practice,　are,　baseball,　to).

_____

☐(4) あなたの妹は部屋で音楽を聴いていますか。

　　(music,　is,　in her room,　listening,　your sister,　to)?

ヒント

2 (1)進行形の疑問文は be 動詞を文頭に置く。〈be 動詞＋主語＋動詞の ing 形〜？〉で表す。

(2)won't は will not の短縮形。

(5)疑問詞 Where のある疑問文に対し, Yes／No では答えない。

3 (1)「そのとき, 〜歌っていました」＝過去進行形の文。

(2)be は be 動詞の原形である。

(3)否定文なので be 動詞のあとに not を置く。

(4)疑問文なので be 動詞を文頭に置く。

■チャレンジ問題！　左の絵を見て, 次の質問に対して3語以上の英語で答えなさい。

What is the girl doing?

_____ .

3 現在完了・過去完了

完了形は，過去から現在，または過去のある時点までをふり返って「継続，経験，完了・結果」
を表す。

■ **現在完了形**：〈have（has）＋過去分詞〉➡過去のある時点から現在までを表す（現在が基点）

■ **過去完了形**：〈had＋過去分詞〉➡過去〜過去のある時点までを表す（過去のある時点が基点）

①継続用法「ずっと〜している」（現在完了形）／「ずっと〜していた」（過去完了形）

I have studied here since 7：00.　　私は7時からずっとここで勉強をしている。（現在完了形）
　現在形＋過去分詞　　　　　〜から

②経験用法「〜したことがある」（現在完了形）／「〜したことがあった」（過去完了形）

I have visited Kyoto once.　　私は京都を一度訪れたことがあります。（現在完了形）
　現在形＋過去分詞　　　一度

③完了・結果用法「〜したところだ」（現在完了形）／「〜してしまった」（過去完了形）

I had just finished the game when my mother came home.
　過去形　ちょうど　過去分詞　〜のとき（過去のある時点）　　　過去形

　　私の母が帰ってきたとき，私はちょうどゲームを終えていました。（過去完了形）

過去分詞を覚えよう：過去分詞は動詞を変化させてつくる	
規則動詞の場合 ➡ 過去形と過去分詞は同じ形　例）cook-cooked-cooked「料理する」	
不規則動詞の場合 ➡ 動詞によって変化の仕方がちがう	
過去形と過去分詞が同じ	例）have-had-had「〜を持つ」
原形と過去分詞が同じ	例）become-became-become「〜になる」
原形・過去形・過去分詞がすべて異なる	例）sing-sang-sung「歌う」
原形・過去形・過去分詞がすべて同じ	例）cut-cut-cut「〜を切る」

例題　次の日本文に合うように　　　内のア〜ウから適するものを選びなさい。

⑴　私は日本に5年間住んでいます。

　　I（　ア　live　イ　lives　ウ　have lived　）in Japan for five years.

⑵　メアリーはその映画を3回見たことがあります。

　　Mary（　ア　have watched　イ　has watched　ウ　watched　）the movie three times.

◉ 練習問題 ◉

1　次の動詞の過去形，過去分詞を書きなさい。

☐⑴　use　　-（　　　　　）-（　　　　　）

☐⑵　study　-（　　　　　）-（　　　　　）

☐⑶　have　　-（　　　　　）-（　　　　　）

☐⑷　make　-（　　　　　）-（　　　　　）

☐⑸　eat　　-（　　　　　）-（　　　　　）

☐⑹　write　-（　　　　　）-（　　　　　）

ヒント

1 ⑴，⑵は規則動詞，⑶，⑷は不規則動詞で，過去形と過去分詞が同じ。

⑸⑹は不規則動詞で，過去形と過去分詞が異なる。

2 　次の日本文に合うように（　　　）内に適する語を書きなさい。

ヒント
2 (1)現在完了の完了用法。already「すでに」

□(1)　私はすでに部屋を掃除してしまいました。

I （　　　　　） already （　　　　　） my room.

(2)現在完了の経験用法。have been to ～「～へ行ったことがある」

□(2)　あなたは今までにハワイに行ったことがありますか。

（　　　　　）（　　　　　　　　） ever been to Hawaii?

(3)be動詞の過去分詞はbeen である。

□(3)　先週からずっと暑いです。

It （　　　　　）（　　　　　　　） hot since last week.

(4)過去完了の継続用法で表す。

□(4)　両親は私が生まれたときには，３年間この町に住んでいました。

My parents （　　　　　）（　　　　　　） in this town for three years when I was born.

(5)過去完了の完了・結果用法で表す。

□(5)　私たちが駅に到着したとき，列車はすでに出発していました。

When we arrived at the station, the train （　　　　　） （　　　　　） left.

3 　日本文に合うように（　　　）内の語句を並べかえ，全文で書きなさい。

3 (1)before「以前」は文末に置く。

□(1)　彼は以前，この本を読んだことがある。

（ read, has, this book, he, before ）.

(2)現在完了の継続用法で表す。

□(2)　父は昨日からずっと忙しい。

（ since, been, has, busy, my father, yesterday ）.

(3)現在完了の疑問文は〈Have＋主語＋過去分詞～？〉で表す。yet は疑問文で「もう」の意味を表す。

□(3)　あなたはもう昼食を食べてしまいましたか。

（ eaten, have, yet, you, lunch ）?

(4)never「今までに～ない」は have（has）と過去分詞の間に置く。

□(4)　ボブは今までにバレーボールをしたことがありません。

（ volleyball, Bob, played, never, has ）.

(5)hear from ～「～から手紙をもらう」

□(5)　私がメアリーに出会う前，一度手紙をもらったことがありました。

（ Mary, heard from, once, had, I ） before I met her.

(6)過去完了の継続用法で表す。

□(6)　この女の子はそのときまでずっとフランスに滞在していました。

（ this girl, France, had, in, stayed ） until then.

4 助動詞

◆要点整理◆

助動詞には，動詞を助けて「意味をつけ加える」役割がある。

■ **主な助動詞とその意味：〈助動詞＋動詞の原形〉で表す**

I can play the piano well.　私は上手にピアノを弾くことができます。
助動詞 動詞の原形

助動詞	意味	同じ意味の表現
can	①能力・可能「～することができる」	=be 動詞+able to ～
	②許可「～してもよい」	=may
may	①許可「～してもよい」	=can
	②推量「～かもしれない」	
must	①義務「～しなければならない」	=have(has) to ～
	②推量「～にちがいない」	
should	「～すべき」	=ought to ～（より強い意味）
will	「～するでしょう」「～するつもりだ」	=be 動詞+going to ～
Will you ～?	「～してくれませんか」	=Please ～
Shall I ～?	「私が～しましょうか」	
Shall we ～?	「（一緒に）～しましょうか」	=Let's ～

例題 次の日本文に合うように（　　）内に適する語を書きなさい。

否定文は
〈助動詞＋not＋動詞の原形〉
疑問文は
〈助動詞＋主語＋動詞の原形～?〉
で表すことができるよ。

(1) ここでは靴を脱がなければなりません。

（　　　　）（　　　　） take off your shoes here.

(2) あなたたちはお互いに助け合うべきです。

You（　　　　）（　　　　） each other.

(3) 窓を開けてもよいですか。

（　　　　）（　　　　）open the window?

● 練習問題 ●

正答数

問／16問

1 次の日本文に合うように（　　）内に適する語を書きなさい。

□(1) 私はこの川を泳いで渡ることができます。

I（　　　　）（　　　　） across this river.

□(2) 彼は科学者かもしれません。

He（　　　　）（　　　　） a scientist.

□(3) お塩をとってくれませんか。

（　　　　）（　　　　） pass me the salt?

□(4) 放課後，一緒にテニスをしませんか。

（　　　　）（　　　　） play tennis after school?

□(5) ここでキャッチボールをしてはいけません。

You （　　　　）（　　　　） play catch here.

ヒント

1 (1)「～を泳いで渡る」
は swim across ～で表す。

(2)「～かもしれない」は
may を用いて表す。

(3)依頼の文で表す。

(4)shall を用いて表す。

(5)「～しなければならない」
の否定形で表す。

8

2　次の英文を（　　）内の指示に従って書きかえなさい。

□(1)　She drives a car.〔can を加えて〕

_____

□(2)　It may snow tonight.〔否定文に〕

_____

□(3)　I must go to the hospital now.〔疑問文に〕

_____

3　次の各組の英文がほぼ同じ内容になるように，（　　）内に適する語を書きなさい。

□(1)　You must finish your homework by tomorrow.

You（　　　　　）（　　　　　）finish your homework by tomorrow.

□(2)　Please tell me about your trip to Korea.

（　　　　　）（　　　　　）tell me about your trip to Korea?

□(3)　Let's go swimming in the sea next Saturday.

（　　　　　）（　　　　　）go swimming in the sea next Saturday?

□(4)　She can swim fast.

She（　　　　　）（　　　　　）to swim fast.

4　日本文に合うように（　　）内の語(句)を並べかえ，全文で書きなさい。

□(1)　このパンを食べてもよいですか。

（ eat, I, this bread, may ）?

_____

□(2)　暗くなる前に家に帰らなければなりません。

（ come, must, you, home ）before it gets dark.

_____

□(3)　今日，傘を持っていく必要はありません。

（ umbrella, take, to, don't, you, your, have ）with you.

_____

□(4)　私がドアを閉めましょうか。

（ I, the door, shall, shut ）?

_____

● Step問題1 ●

1　次の動詞の3人称単数形を書きなさい。
□(1)　know　（　　　　　）　　□(2)　use　（　　　　　）　　□(3)　teach　（　　　　　）
□(4)　study　（　　　　　）　　□(5)　play　（　　　　　）　　□(6)　have　（　　　　　）

2　次の動詞の ing 形を書きなさい。
□(1)　look　（　　　　　）　　□(2)　close　（　　　　　）　　□(3)　write　（　　　　　）
□(4)　stop　（　　　　　）　　□(5)　sit　（　　　　　）　　□(6)　die　（　　　　　）

3　次の動詞の過去形，過去分詞を書きなさい。
□(1)　live　-（　　　　　）-（　　　　　）
□(2)　like　-（　　　　　）-（　　　　　）
□(3)　cry　-（　　　　　）-（　　　　　）
□(4)　drop　-（　　　　　）-（　　　　　）
□(5)　come　-（　　　　　）-（　　　　　）
□(6)　take　-（　　　　　）-（　　　　　）

4　次の日本文に合うように　　　内に適する語を書きなさい。
□(1)　私はいつも忙しい。
　　　I（　　　　　）always busy.
□(2)　トムは毎朝紅茶を一杯飲みます。
　　　Tom（　　　　　）a cup of tea every morning.
□(3)　あなたは今，宿題をしているところですか。
　　　Are you（　　　　　）your homework now?
□(4)　父はそのとき，木を切っていました。
　　　My father was（　　　　　）the trees then.
□(5)　あなたはいつ奈良を訪れるつもりですか。
　　　When are you（　　　　　）to visit Nara?
□(6)　彼は来年20歳になります。
　　　He（　　　　　）be twenty years old next year.
□(7)　私は今までにパンダを見たことがありません。
　　　I have（　　　　　）seen a panda.
□(8)　私が起きたとき，兄は公園に行ってしまっていた。
　　　My brother（　　　　　）gone to the park when I got up.
□(9)　あなたはここで彼を待たなければならない。
　　　You（　　　　　）wait for him here.
□(10)　タクヤは家にいるかもしれません。
　　　Takuya（　　　　　）stay at home.

5 　（　　　）内から適する語を選び，○で囲みなさい。

(1) Were you (swim / swimming) in the pool yesterday?

(2) Ms. Yamamoto (flies / flew) to China every year.

(3) (Is / Will) she going to draw pictures this evening?

(4) (Shall / Will) we go to the new bookstore near the station? － Yes, let's.

(5) She (has / had) been sick in bed for a week.

6 　次の各組の英文がほぼ同じ内容になるように，（　　　）内に適する語を書きなさい。

(1) Don't touch the box.

　　You (　　　　　) (　　　　　　　) touch the box.

(2) Ken will meet Mary tomorrow.

　　Ken is (　　　　　) (　　　　　　　) meet Mary tomorrow.

(3) Bob was busy this morning. He is still busy now.

　　Bob (　　　　　) (　　　　　　　) busy since this morning.

7 　日本文に合うように（　　　）内の語句を並べかえ，全文で書きなさい。

(1) この辞書は私のものです。

　　(dictionary, this, mine, is).

(2) 私は20分前，音楽を聴いていました。

　　(to, I, listening, was, music) twenty minutes ago.

(3) 明日までにその宿題を終わらせなければいけませんか。

　　(the homework, I, finish, must) by tomorrow?

(4) 郵便局への道を教えてくれませんか。

　　(tell, will, me, you) the way to the post office?

(5) 彼女は今までに一度も船に乗ったことがありません。

　　(taken, never, has, she, a ship).

5 受け身

受け身（受動態）とは，主語が「動作を受ける」ことを表す。

■〈be 動詞＋過去分詞〉「～される，～されている」

基本の文	He uses the pen.	彼はそのペンを使います。
受け身	The pen is used by him. be 動詞＋過去分詞　　～によって	そのペンは彼によって使われています。
否定文	The pen is not used by him. 否定の not	そのペンは彼によって使われていません。
疑問文	Is the pen used by him ? 文頭にくる　　　　疑問形	そのペンは彼によって使われていますか？
答え方	Yes, it is./No, it isn't. 否定の not	はい，そうです。/いいえ，ちがいます。

■受け身のいろいろな表現

be known to ～ 「～に知られている」	be covered with ～ 「～でおおわれている」
be made of 材料 「～でできている」（＊）	be made from 原料 「～で作られている」（＊）
be born 「生まれる」	be filled with ～ 「～でいっぱいである」
be interested in ～ 「～に興味を持っている」	be surprised at ～ 「～に驚く」

＊〈of＋材料〉は加工による変化の少ないもの，〈from＋原料〉は加工による変化の大きいもの

例題 次の日本文に合うように（　　）内に適する語を書きなさい。

(1) その本はたくさんの人によって読まれます。

　　The book （　　　　　）（　　　　　） by a lot of people.

(2) 彼はその知らせに驚きました。

　　He was （　　　　　）（　　　　　） the news.

材料の例は，
木材 →テーブル
原料の例は，
ブドウ→ワイン

◉ 練習問題 ◉

正答数

問／14問

1　次の日本文に合うように（　　）内に適する語を書きなさい。

(1) このコップは彼に割られました。

　　This cup （　　　　　）（　　　　　） by him.

(2) この国ではフランス語が話されていません。

　　French （　　　　　）（　　　　　） in this country.

(3) あの写真はあなたのおじさんによって撮られましたか。

　　Was that picture （　　　　　）（　　　　　） your uncle?

(4) この部屋は彼女によって掃除されます。

　　This room （　　　　　）（　　　　　） by her.

ヒント

1(1)過去の文である。

(2)否定文なので，isn't を用いて表す。

(3)take の過去分詞は taken である。

2 次の英文を（　　）内の指示に従って書きかえなさい。

☐(1) This letter was read by my mother.　〔否定文に〕

☐(2) The window is opened by Ken.　〔疑問文に〕

☐(3) Kumi makes this dress.　〔受け身の文に〕

3 次の各組の英文がほぼ同じ内容になるように，（　　）内に適する語を書きなさい。

☐(1) Every student in my class likes the dog.

The dog（　　　　　）（　　　　　）by every student in my class.

☐(2) She knows his name.

His name is（　　　　　）（　　　　　）her.

☐(3) That church is fifty years old.

That church（　　　　　）（　　　　　）fifty years ago.

4 日本文に合うように（　　）内の語(句)を並べかえ，全文で書きなさい。

☐(1) 星は夜に見られます。

（ at night,　are,　stars,　seen ）.

☐(2) この場所はたくさんの子どもたちに訪れられますか。

（ by,　this place,　children,　many,　is,　visited ）？

☐(3) 私は 12 月 1 日に生まれました。

（ on,　was,　I,　born ）December 1.

☐(4) あの山は雪でおおわれていました。

（ covered,　was,　snow,　that mountain,　with ）.

6 不定詞

不定詞とは，動詞をもとに名詞・形容詞・副詞の働きをするもの。

〈to＋動詞の原形〉で表し，3つの用法がある。

■ 名詞的用法「～すること」

I like to sing.　　私は歌うことが好きです。
好き ～すること＋動詞の原形

名詞的用法・その他の例
start(begin) to ～ 「～しはじめる」
want to ～ 「～したい」，try to ～ 「～しようとする」

■ 形容詞的用法「～するための」「～すべき」

I want something cold to drink.
欲しい　　　　　　　～するための＋動詞の原形

形容詞的用法・その他の例
a book to read 「読むべき本」

私は何か冷たい飲みものが欲しい。

■ 副詞的用法①「～するために」（動作の目的）

I went to the park to meet her.　　私は彼女に会うために公園に行った。
行った（過去形）　　　　～するために＋動詞の原形

➡①と同様の意味の例：　in order to ～, so as to ～

副詞的用法②・その他の例
be happy to ～ 「～でうれしい」
be sad to ～ 「～で悲しい」
be surprised to ～ 「～に驚く」

②～して（感情の原因）

I am glad to meet you.　　私はあなたに会えてうれしい。
うれしい ～して＋動詞の原形

■ 不定詞を含む構文

tell(ask) ― to ～ 「―に～するよう言う（頼む）」	want ― to ～ 「―に～してもらいたい」
It is ... for ― to ～ 「―が～することは…だ」	how to ～ 「どのように～すべきか，～の仕方」
what to ～ 「何を～すべきか」	when to ～ 「いつ～すべきか」
too 形容詞／副詞 for ― to ～ 「とても…なので―は～できない」	

- -

例題　次の日本文に合うように　　　　内に適する語を書きなさい。

(1) 私たちは彼に会うために駅へ行きました。

　　We went to the station (　　　　　) (　　　　　) him.

(2) 彼がその箱を持ち上げることは難しい。

　　It is difficult for (　　　　　) (　　　　　) lift the box.

練 習 問 題

正答数

問／13問

1 次の英文を日本語に訳しなさい。

□(1) This book is too difficult for me to read.

ヒント
1(1)too 形容詞 for ― to ～ 「とても…なので―は～できない」

□(2) I want you to come here.

(2)want ― to ～ 「―に～してもらいたい」

14

2　（　　　）内から適する語句を選び，○で囲みなさい。

ヒント

☐(1) She wants （ eat / to eat / eating ） lunch before going to the airport.

☐(2) Please give me something cold （ drinking / to drink / to drinking ）.

2 (2)形容詞的用法の文。

☐(3) It is very important for him （ study / studies / to study ） English every day.

(3)It は形式主語のため，「それ」とは訳さない。

☐(4) He told Kumi （ is / be / to be ） quiet.

(4)「彼はクミに静かにするように言った。」という意味を表す。

☐(5) My aunt showed me （ how to drive / how drove / how drive ）.

3　次の日本文に合うように（　　　）内に適する語を書きなさい。

☐(1) 私は映画を見に行くことが好きです。

I （　　　　　）（　　　　　　　　　） go to the movies.

3 (1)名詞的用法の文。

☐(2) 彼にはアメリカを訪れる機会があった。

He had a chance （　　　　　）（　　　　　　） America.

(2)形容詞的用法の過去形の文。

☐(3) 彼は外国に行くために，英語を熱心に勉強しています。

He is studying English hard in （　　　　　）（　　　　　　　） go abroad.

(3)副詞的用法（動作の目的）の文。abroad「外国に」

☐(4) いつ出発すべきか私に教えてください。

Please tell me （　　　　　　）（　　　　　　） start.

4　日本文に合うように（　　　）内の語句を並べかえ，全文で書きなさい。

☐(1) 私はその知らせを聞いて驚きました。

（ the news, hear, I, surprised, was, to ）.

4 (1)副詞的用法（感情の原因）の文で表す。

☐(2) 私は秘密の箱の開け方を知りたいです。

（ the secret box, want, how, open, know, to, to, I ）.

(2)名詞的用法と how to ～を含んだ文で表す。

■チャレンジ問題！　左の絵を見て，会話が成立するよう3語以上の英語で答えなさい。

Why did you go to the park?

I went to the park…

A：Why did you go to the park?

B：I went to the park 　　　　　　　　　　　.

7 分詞

◆要点整理◆

分詞とは名詞を修飾して,「形容詞的な働き」を表す。

現在分詞〈動詞の ing 形〉「〜している」／**過去分詞**〈動詞の過去分詞形〉「〜された」

> 現在分詞 ➡ 名詞が単独の場合は,名詞の前に分詞を置く。
>
> a sleeping baby   寝ている赤ちゃん
>   分詞   名詞

> ➡ 名詞に語句がつくと,名詞のうしろに分詞を置く。
>
> a baby sleeping in the bed   ベッドで寝ている赤ちゃん
> 名詞   分詞   語句

現在分詞・過去分詞と言っても,文章の時制とは関係ないよ。

> 過去分詞 ➡ 過去分詞で名詞を修飾する(形容詞的用法)
>
> a book written in English   英語で書かれた本
> 名詞   過去分詞

＊過去分詞を使う文法には,他に〈完了形 p.6〉,〈受け身 p.12〉などもある。

分詞の補語的用法:「主語・目的語の状況を説明する」,補語としての働きをする。

look excited 「興奮しているように見える」	look surprised 「驚いているように見える」
keep … 現在分詞 「…を〜している状態にしておく」	keep … 過去分詞 「…を〜された状態にしておく」
see/hear/feel … 現在分詞 「…が〜しているのを見る/聞く/感じる」	see/hear/feel … 過去分詞 「…が〜されるのを見る/聞く/感じる」

例題 次の日本文に合うように   内に適する語を書きなさい。

(1) 走っている少年
a (   ) boy

(2) 盗まれたカバン
a (   ) bag

(3) 公園で走っている少年   a (   )(   ) in the park

☆ 練習問題 ☆

正答数

問／17問

1   内から適する語を選び,○で囲みなさい。

(1) Look at the (flying / flown) bird.

(2) The letter (writing / written) in English is hers.

(3) I met a writer (knowing / known) all over the world.

(4) The boy (skating / skated) on the pond is Bob.

ヒント
1 (1)「飛んでいる鳥」
(2)「書かれた手紙」
(3)「知られている作家」
(4)「スケートをしている少年」

2 次の日本文に合うように   内に適する語を書きなさい。

(1) ギターを弾いている少年は私の弟です。
The boy (   ) the guitar is my brother.

(2) 机の上に割れたコップがあります。
There is a (   ) glass on the desk.

(3) 彼は彼女を待たせておきました。
He kept her (   ).

2 (1)(2)「〜している」は現在分詞,「〜される,された」は過去分詞を用いる。

(3)「…を〜している状態にしておく」は keep … 現在分詞で表す。

3 次の英文を日本語に訳しなさい。

(1) Look at the baby sleeping in the bed.

(2) The picture drawn fifty years ago is expensive.

(3) This is the fish caught in the river.

(4) They looked surprised at the accident.

4 日本文に合うように（　）内の語（句）を並べかえ，全文で書きなさい。

(1) 燃えている木を見なさい。

（ look, burning, the, at, tree ）.

(2) これは日本製の机です。

（ Japan, made, this, a desk, in, is ）.

(3) 向こうで歌っている少年はケンですか。

Is the （ over there, singing, Ken, boy ）?

(4) ここから見える建物は私の学校です。

（ here, seen, the building, from, is ） my school.

(5) 彼は日本の歴史に興味を持っているように見えました。

（ Japanese history, interested, he, in, looked ）.

(6) ドアのカギをかけておいてください。

（ the door, keep, please, locked ）.

8 動名詞

動名詞とは「～すること」という意味の名詞の働きをして，文中で主語・補語・目的語になる。

■〈動詞の ing 形〉「～すること」

主語 ➡ 文中で主語（S）になる。

Playing tennis is a lot of fun.　テニスをすることはとても楽しい。
主語「テニスをすること」

補語 ➡ 文中で補語（C）になる。

My hobby is collecting old stamps.　私の趣味は古い切手を集めることです。
補語「私の趣味＝古い切手を集めること」

目的語 ➡ 文中では目的語（O）になる。

I like reading books.　私は本を読むことが好きです。
目的語「本を読むこと」

動名詞の慣用表現

before ～ing 「～する前に」	after ～ing 「～したあとで」
without ～ing 「～しないで」	be afraid of ～ing 「～を恐れる」
be good at ～ing 「～が上手である」	be interested in ～ing 「～に興味を持っている」
How about ～ing? 「～はどうですか」	Thank you for ～ing 「～してくれてありがとう」
look forward to ～ing 「～するのを楽しみにする」	

動名詞と不定詞の使い分け

不定詞（p.14）の名詞的用法も動名詞と同じ働きをするが，
目的語として用いる場合は動詞によって使い分けをする。
①～ing のみ目的語にとる動詞…enjoy，keep，finish など
②to ～のみ目的語にとる動詞…wish，hope，decide など
③～ing と to ～ともに目的語にとる動詞…like，start，begin など

前置詞（at, in. for）
のあとに置けるのは
動名詞だけ！
不定詞は置けないよ。

例題　次の日本文に合うように（　　）内に適する語を書きなさい。

(1) 彼女の仕事は料理を作ることです。

Her job is （　　　　　）.

(2) 彼はさよならを言わないで，外出しました。

He went out （　　　　） （　　　　） goodbye.

◆ 練習問題 ◆

正答数

問／14問

[1] 次の日本文に合うように（　　）内に適する語を書きなさい。

□(1) 私は山に登ることが好きです。

I like （　　　　　） the mountain.

□(2) 彼女の趣味は写真を撮ることです。

Her hobby is （　　　　　） pictures.

ヒント

[1](1)「登る」は climb で表す。

(2)「写真を撮る」は take pictures で表す。

□(3)　ボブはテレビを見る前に昼食を食べました。

　　　　Bob ate lunch (　　　　　　　　) watching TV.

(3)「～する前に」は before ～ing で表す。

[2]　次の▢の中から適語を選びなさい。　| after,　from,　at,　to,　with |

□(1)　My father is good (　　　　　　　) playing baseball.

□(2)　She went to bed (　　　　　　　) finishing her homework.

□(3)　My grandmother is looking forward (　　　　　　　) meeting you.

▢動名詞の慣用表現に関する問題。(2)「彼女は宿題を終えたあとで、寝ました。」の意味。

[3]　▢内から適する語句を選び、○で囲みなさい。

□(1)　They enjoyed ｛ riding ／ to ride ｝ a bike.

□(2)　I want ｛ visiting ／ to visit ｝ the old temple.

□(3)　Kumi finished ｛ writing ／ to write ｝ to her cousin.

□(4)　Suddenly he decided ｛ going ／ to go ｝ shopping.

▢(1)～(4)目的語に動名詞か不定詞をとる問題。動詞によって選択する。

[4]　日本文に合うように▢内の語(句)を並べかえ、全文で書きなさい。

□(1)　ドイツ語を学習することは簡単ではありません。

　　　｛ easy,　is,　learning,　not,　German ｝.

▢(1)「ドイツ語を学習すること」が主語。文頭に Learning を置く。

□(2)　彼は話をすることをやめて、泣き出しました。

　　　｛ began,　talking,　he,　stopped,　and ｝ to cry.

(2)「～することをやめる」は stop ～ing で表す。

□(3)　薬を飲んだらどうですか。

　　　｛ taking,　about,　how,　medicine ｝?

(3)「～はどうですか」は、How about ～ing? で表す。

□(4)　私はボランティア活動をすることに興味を持っています。

　　　｛ volunteer work,　doing,　I,　in,　am,　interested ｝.

(4)「ボランティア活動をする」は do volunteer work で表す。

■チャレンジ問題！　英語の授業で、自己紹介をすることになりました。あなたの名前と趣味について紹介しなさい。

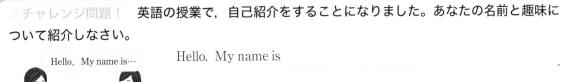

Hello. My name is 　　　　　　　　　　　　　　　　　.

Hello, My name is…

My hobby is 　　　　　　　　　　　　　　　　　.

9 接続詞・冠詞・前置詞

要点整理

接続詞：語と語，句と句，文と文などの関係を示す役割がある。

①等位接続詞：文と文などを対等の関係で結びつける。
and「そして」，but「しかし」，or「それとも」，so「だから」，for「なぜならば，というのも」
②従属接続詞：主になる文に従属するまとまりを結びつける。
when ～「～するときに」，before ～「～する前」，after ～「～したあとに」，if ～「もし～」，because ～「～なので」，while ～「～する間に」，till(until) ～「～までずっと」，though ～「～だけれども」，that「～ということ」

等位接続詞　 I like sushi and stake.
　　　　　　　語句　◄　　►　語句　結びつける

私はスシとステーキが好きです。

従属接続詞　 I was watching TV when my father came home.
　　　　　　　主文　▼　　　結びつける　　従属するまとまり

父が帰宅したとき，私はテレビを見ていました。

冠詞：名詞の前につき，英語では a，an，the の3種類。あとに続く名詞によって使い分ける。

不定冠詞 a, an：単数形の名詞，不確定なものを指すときに使う。続く名詞が母音から始まる場合は an になる。
①ひとつの：a pen「（1本）のペン」，an hour「1時間」　②～につき：twice a month「ひと月につき2回」
定冠詞 the：続く名詞が，すぐに特定できるもの，ひとつしかないものを指すときに使う。
①この世にひとつしかない：the sun「太陽」，the moon「月」，the earth「地球」 ②相手にもわかる特定の意味を持つもの：Let's go to the school.「（その）学校へ行こう」，the same「同じ」 ③序数や最上級など：the second「第2」，the tallest「最も高い」 ④〈the＋形容詞〉～の人々：the young「若い人々」

前置詞：名詞の前に置き，時や場所，方向や手段など，さまざまな意味を表す。名詞によって同じ語句でも意味が変わる。

〈時〉を表す前置詞の例	〈場所〉を表す前置詞の例
at six「6時に」，on Sunday「日曜日に」，in July「7月に」，on July 10「7月10日に」，in the morning「朝に」，for five years「5年間」，before nine「9時前に」	at the station「駅で」，under the table「テーブルの下に」，near the chair「イスの近くに」，by the gate「門のそばで」，in front of the hotel「ホテルの前に」

除外を表す without ～「～なしに」，類似を表す like ～「～のような」などもある。

例題 次の日本文に合うように　　　　内に適する語を書きなさい。

(1) ここから月は見えません。

　　We can't see (　　　　　) moon from here.

(2) 彼は日曜日に教会へ行きます。

　　He goes to church (　　　　　) Sundays.

練習問題

正答数

問／2019

□ 内から適する語（句）を選び，○で囲みなさい。

ヒント

□(1) I am rich,　so / or / but　I am not happy.

□(1)so は「だから」の意味。

□(2) She likes Bob　because / after / if　he is very kind and honest.

□(3)　(Before / After / While)　he was in America, he learned English.

□(4)　I know　(that / what / when)　she is honest.

□(5)　Be kind to　(a / an / the)　old.

□(6)　I usually get up　(at / on / in)　seven.

□(7)　We go skiing in Nagano　(at / on / in)　winter.

□(8)　There is a picture　(in / on / under)　the wall.

2　次の日本文に合うように（　　）内に適する語を書きなさい。

□(1)　私が帰宅したとき，姉は料理を作っていました。

My sister was cooking　(　　　　)　I came home.

□(2)　もし明日晴れたら，海へ行きましょう。

Let's go to the sea　(　　　　)　it is sunny tomorrow.

□(3)　私はあなたがこの花を気に入ってくれたらいいなと思います。

I hope　(　　　　)　you will like this flower.

□(4)　私は 7 月 10 日に生まれました。

I was born　(　　　　)　July 10.

□(5)　彼女は 1 週間につき 2 回，赤ちゃんの世話をします。

She takes care of the baby twice　(　　　　)　week.

□(6)　あのベンチのそばで話をしている少年はだれですか。

Who is the boy talking　(　　　　)　that bench?

3　日本文に合うように（　　）内の語(句)を並べかえ，全文で書きなさい。

□(1)　雨が降っていたけれども，私は外出しました。

(out, I, though, it, was, went)　raining.

□(2)　ボブとメアリーは昨年同じクラスでした。

(same, in, were, class, Bob and Mary, the)　last year.

□(3)　私は，日曜日の朝はいつも遅く起きます。

(Sunday, late, mornings, get up, I, always, on).

□(4)　庭の前に立っている女性は人気のある芸術家です。

(the, front, in, the, standing, woman, of, garden)　is a popular artist.

10 関係詞

◆要点整理◆

関係詞には，文と文をつなぐ接続詞の役割と，直前にある名詞（先行詞）を修飾する役割がある。

■ 関係代名詞：文と文をつなぐ接続詞と，代名詞として働く役割がある。

関係代名詞は，先行詞の種類と，要素（主格・目的格・所有格）によって変化する。

	主格	目的格	所有格
先行詞が「人」	who	whom	whose
先行詞が「もの・動物」	which	which	whose
先行詞が「人・もの・動物」	that	that	―
関係代名詞のあと	動詞	主語＋動詞	名詞

目的格の関係代名詞は
文中で省略される
ことも多いよ。

I have a friend. She can speak Japanese.
先行詞　　　 主格
（人）　同じ

⬇

I have a friend who can speak Japanese.　　私には日本語が話せる友人がいます。
関係代名詞　 a friend を修飾する

■ 関係副詞：文と文をつなぐ接続詞と，副詞の代わりとなる役割があり，直前の名詞を修飾する。

名詞（先行詞）によって，where（場所），when（時），why（理由），how（方法）がある。

This is the house. He was born in the house.
先行詞　　　　　　　　　副詞
（場所）　　　　　　 同じ

⬇

This is the house where he was born.　　これは彼が産まれた家です。
関係副詞　 the house を修飾する

● 関係副詞は〈前置詞＋関係代名詞〉で表すこともできる。上記の例文の場合は〈in which 〜〉になる。
● how の先行詞が the way の場合，同じ並びになることができないため，どちらかを省略する。
● 先行詞が the place など場所が明らかな場合は，the place を省略することが多い。

例題　次の日本文に合うように（　　　）内に適する語を書きなさい。

(1) 私はパリに住んでいる女の子を知っています。

I know a girl（　　　　　）lives in Paris.

(2) あれは 10 時にここを出発する電車です。

That is the train（　　　　　）leaves here at ten.

(3) 彼女はクロという名前のネコを飼っています。

She keeps a cat（　　　　　）name is Kuro.

(4) 私はあなたが生まれた場所に行きたい。

I want to go to the place（　　　　　）you were born.

(5) このようにして彼女はケーキを作りました。

This is（　　　　　）she made the cake.

● 練習問題 ●

正答数

問／13問

1 （　　）内から適する語を選び，○で囲みなさい。

ヒント

1 (1)〜(5)関係代名詞を選ぶ問題。先行詞とあとに続く形に注意する。

(1) I have a friend （ who / whom / which ） lives in Korea.

(2) The story （ whom / which / whose ） she wrote is interesting.

(3) That girl （ who / whom / whose ） hair is long is Kumi.

(4) Kyoto is a city （ which / that / whose ） history is very long.

(5) He has a car （ whom / which / whose ） was made in Japan.

(6)〜(9)関係副詞を選ぶ問題。時，場所，理由，方法のどの意味を表すのか前後から判断する。

(6) This is the hotel （ when / where / why ） we stayed last year.

(7) I forgot the day （ when / where / why ） I first met him.

(8) This is （ which / who / why ） Taro married Hanako.

(9) Tell me （ which / who / how ） you solved the problem.

2 次の2つの英文を，関係代名詞を用いてひとつの文にまとめなさい。

2 (1)The village が先行詞になる文を作る。

(1) The village is far from here. I visited it last year.

(2)所有格の関係代名詞で表す。

(2) Do you know the smart phone? Its color is blue.

3 日本文に合うように（　　）内の語(句)を並べかえ，全文で書きなさい。

3 (1)the watch のあとに「あなたがなくした」の英文が続く。

(1) これはあなたがなくした腕時計ですか。

（ which / lost / you / this / the watch / is ）?

(2)主格の関係代名詞で表す。先行詞が a daughter になるように英文を並べかえる。

(2) 彼には科学者になった娘がいます。

（ who / he / became / has / a daughter / a scientist ）.

■チャレンジ問題！　次の会話の流れに合うように下線部に入る英文を書きなさい。

Kumi : I want to speak English well.

Kenji : I see. I have a friend who　　　　　　　　　　　.

Kumi : Will you introduce me to your friend?

Kenji : OK.

11 比較

比較とは「～よりも」「～の中で一番」など，人やものを比べるときの表し方。

形容詞・副詞の原級を，比較級（er）・最上級（est）に変化させる。

■ **比較級**：〈A ～er than B〉「A は B よりも～」と表し，2つ（2人）を比べる。

He is taller than you.　彼はあなたより背が高い。
　　A　原級+er ～よりも B

■ **最上級**：〈A＋the ～est of(in) ...〉「A は…の中で一番」，3つ（3人）以上を比べる。

He is the tallest in his class.　彼はクラスの中で一番背が高い。
　　A　　　　　原級+est　　B

> ◎ in と of の使い分け
>
> in ➡ 場所，範囲を示す。in japan「日本で」
> of ➡ 数字を示す。of all「すべての中で」　of the four「4人の中で」

■ **原級**：〈A as ～ as B〉「A は B と同じくらい～」と表し，2つ（2人）を同程度として比べる。

His brother is as tall as he.　彼の弟は彼と同じくらい背が高い。
　　A　　　as 原級 as　　B

> ◎ 形容詞・副詞の原級を，比較級（er），最上級（est）に変える作り方。
> ①大部分の語 ➡ er, est をつける。old-older-oldest,　tall-taller-tallest
> 　　　　　　　　e で終わる語は r, st をつける，子音字＋y で終わる語は y を i にかえて er, est をつける。
> ②長いつづりの語 ➡ more, most をつける。more difficult,　most difficult
> ③不規則変化する語 ➡ good/well-better-best,　bad-worse-worst

比較表現を
使ってみよう！

■ **比較のいろいろな表現**

like A better than B	「B よりも A のほうが好き」
like A (the) best of(in) ...	「A が…の中で一番好き」
A ～er than any other 単数名詞	「A は他のどの…よりも～」
～er and ～er	「だんだん～」「ますます～」
A ～ times as ... as B	「A は B の～倍…」
as ～ as possible	「できるだけ～」 ＝as ～ as A can

I can speak English
better than you.

例題 次の日本文に合うように（　　）に適する語を書きなさい。

(1) ボブはケンよりも年上です。

Bob is （　　　　　）（　　　　　） Ken.

(2) ケンは3人の中で一番速く走ることができます。

Ken can run the （　　　　　）（　　　　　） the three.

(3) この島はあの島と同じくらい大きいです。

This island is （　　　　　） large （　　　　　） that one.

(4) 少年はできるだけ早く寝た。

The boy went to bed as （　　　　　）（　　　　　） possible.

❀ 練 習 問 題 ❀

1 （　　）内から適する語を選び，○で囲みなさい。

☐(1) This book is the （ new / newer / newest ） of the five.

☐(2) This doll is as （ pretty / prettier / prettiest ） as that one.

☐(3) I like apples （ well / better / best ） than oranges.

☐(4) Run as （ fast / faster / fastest ） as possible.

☐(5) It is getting （ cold / colder / coldest ） and colder.

2 次の日本文に合うように　　　内に適する語を書きなさい。

☐(1) 彼の犬は私の犬の３倍大きいです。

His dog is （　　　　　）（　　　　　） as big as mine.

☐(2) 私はあなたほど上手に泳ぐことができません。

I can't swim （　　　　　） well （　　　　　） you.

☐(3) この質問はあの質問より難しい。

This question is （　　　　　） difficult （　　　　　） that one.

☐(4) 私はできるだけたくさんの小説を書きたいです。

I want to write （　　　　　） many novels as （　　　　　）.

☐(5) 彼はサッカーよりも野球のほうが好きです。

He likes baseball （　　　　　）（　　　　　） soccer.

3 日本文に合うように　　　内の語(句)を並べかえ，全文で書きなさい。

☐(1) この山はあの山よりも高いです。

（ than / this / that / mountain / one / higher / is ）.

☐(2) 彼女はクラスのどの少女よりもやさしいです。

（ any / in her class / girl / other / than / is / kinder / she ）.

☐(3) 父は母と同じくらい注意深く運転します。

My father （ my mother / carefully / as / as / drives ）.

☐(4) これは３つの中で最も高い時計です。

This （ watch / three / of / most / is / expensive / the / the ）.

27

12 文型

文型とは，文章を作るときの「語順のルール」を定めたもの。

■ **文の要素：英語には4つの要素 SVOC があり，要素を使って語順を表すことができる。**

要素	主な役割	使われる品詞
S（主語/subject）	文の主となる人やもの「～は，～が」	名詞，代名詞
V（動詞/verb）	主語の動作や状態を表す「～する，～だ」	動詞
O（目的語/object）	主語の動作や状態を受ける「～を，～に」	名詞，代名詞
C（補語/complement）	主語や目的語を補う	名詞，代名詞，形容詞

前置詞＋名詞や，
副詞（句，節）は
文の要素にはならないよ。

■ **5つの文型：英文は以下の5つの文型に分類することができる。**

第1文型　〈S＋V〉主語＋動詞

I go.　　私は行く。
S　V

第2文型　〈S＋V＋C〉主語＋動詞＋補語

He is tall.　　彼は背が高いです。
S　V　C
＊S（主語）＝C（補語）

● **第2文型をとる動詞**
become「～になる」，get「～になる」
look「～に見える」，feel「～に感じられる」
grow「成長して～になる」
turn「～になる，～に変わる」

第3文型　〈S＋V＋O〉主語＋動詞＋目的語

He likes tennis.　　彼はテニスが好きです。
S　V　O

第4文型　〈S＋V＋O＋O〉主語＋動詞＋目的語（人）＋目的語（もの）

My uncle gave me the book.　　私のおじは私にその本をくれました。
S　　　V　　O　　O

● **目的語が2つ並ぶ動詞は限られる** ➡ ask, give, tell など…
● **to や for を使って第3文型に書きかえできる** ➡ My uncle gave the book to me.

第5文型　〈S＋V＋O＋C〉主語＋動詞＋目的語＋補語

He calls the cat Tama.　　彼はその猫をタマと呼びます。
S　V　　O　　C
＊O（目的語）＝C（補語）

● **第5文型をとる動詞の例** ➡ make O＋C「OをCにする」，name O＋C「OをCと名づける」

例題　次の英文と同じ文型の文を下のア～オからひとつずつ選びなさい。

(1) He came here suddenly.　　（　　　）

(2) The pianist looked sad.　　（　　　）

(3) Taro has a rabbit.　　（　　　）

(4) I gave my mother some flowers.　　（　　　）

(5) They named their dog John.　　（　　　）

　　ア　They are happy.　　**イ**　I like dogs.
　　ウ　He lent me the umbrella.
　　エ　The man made me a scientist.　　**オ**　He will go there tomorrow.

◉ 練 習 問 題 ◉

1 次の日本文に合うように（　　　）内に適する語を書きなさい。

ヒント

1 (1)第2文型の文。

□(1) この機械は古く見えます。

This machine（　　　　　）（　　　　　）.

□(2) 私の妻は息子にセーターをあげました。

(2)第4文型の文。

My wife（　　　　　）her son a sweater.

□(3) 葉は秋に黄色になります。

(3)第2文型の文。

The leaves（　　　　　）yellow in fall.

□(4) 昨夜たくさん雨が降りました。

(4)It は「それ」と訳さない。

It（　　　　　）a lot last night.

□(5) トムは彼女を怒らせました。

(5)第5文型の文。

Tom（　　　　　）（　　　　　）angry.

2 次の各組の英文がほぼ同じ内容になるように，（　　　）内に適する語を書きなさい。

2 (1)「この町には教会があります。」と書きかえることができる。
(2)(3)第4文型から第3文型への書きかえ。前置詞 to か for のどちらかが入る。

□(1) This town has a church.

（　　　　　）（　　　　　）a church in this town.

□(2) She gave me a watch.

She gave a watch（　　　　　）（　　　　　）.

□(3) My mother made me curry last night.

My mother made curry（　　　　　）（　　　　　）last night.

3 日本文に合うように　　　内の語(句)を並べかえ，全文で書きなさい。

3 (1)第2文型の文。

□(1) 彼は先月病気になりました。

（ sick / he / got ）last month.

□(2) その知らせを聞いて私は悲しかった。

(2)第5文型の文。The news が主語になる。

（ sad / made / the news / me ）.

━━━━━━━━━━━━━━━━━━━━━━━━━━━━━━━━

■チャレンジ問題！ 次の英文は母とケンの会話です。会話が自然につながるように下線部に入る適切な英文を書きなさい。

Ken's mother : Next Friday is your birthday. What do you want for your birthday?

Ken : I want a soccer ball.

Ken's mother : OK. I'll give _____.

Ken : Thank you.

13 否定

◆要点整理◆

否定を表す語句にはさまざまあり，not を使わない語句などもある。

　　例文） I know neither boy.　私はどちらの少年も知りません。

　　　　　　　　否定 単数名詞

➡ここでの neither は，単数名詞の前につけて「どちらも～ない」の意味。

全否定：「ひとつも/まったく～ない」などと，文や語句を完全に否定する。
no ～「ひとつも～ない」（＝not any ～）
nothing ～「何も～ない」（＝not anything）, nobody ～/no one ～「だれも～ない」（＝not anyone）
neither ～「どちらも～ない」（＝not either ～）
not ～ at all「まったく～ない」
部分否定：「～というわけではない」などと，文や語句を完全に否定しない。
not all ～「すべて～というわけではない」，not ～ every …「どの…も～というわけではない」
not always ～「いつも～というわけではない」，not both ～「両方～というわけではない」
二重否定：否定の語句を2度重ねて，肯定の意味を表したり，肯定を遠回しに表す。
never … without ～ing「…すれば必ず～する」
さまざまな否定語：no や not を使わずに否定の意味を表す。
hardly/scarcely「（程度が）ほとんど～ない」，rarely/seldom「（頻度が）めったに～ない」
few ～「（数が）ほとんど～ない」，little ～「（量が）ほとんど～ない」

例題　次の日本文に合うように　　　　内に適する語を書きなさい。

(1)　私には英語を勉強する時間がありません。

　　　I have （　　　　　　） time to study English.

(2)　この山には野生の動物がほとんどいません。

　　　There are （　　　　　　） wild animals in this mountain.

(3)　私はいつも忙しいというわけではありません。

　　　I am （　　　　　） （　　　　　　） busy.

● 練習問題 ●

正答数

問／18問

1　次の日本文に合うように（　　　　）内に適する語を書きなさい。

☐(1)　だれもここに来ません。

　　　（　　　　　） （　　　　　） comes here.

☐(2)　愛よりも大切なものは何もありません。

　　　（　　　　　　） is more important than love.

☐(3)　彼らは会えば必ずサッカーをします。

　　　They （　　　　　） meet （　　　　　） playing soccer.

☐(4)　だれもこの話を信じていません。

　　　（　　　　　　） believes this story.

☐(5)　彼はめったに学校に遅れません。

　　　He is （　　　　　　） late for school.

ヒント

1 (1)「だれも～ない」を
表す語が入る。

(2)「何も～ない」を表す語
が入る。

(3)「…すれば必ず～する」
は never … without ～ing
で表す。

(4)「だれも～ない」を表す
語が入る。

(5)「めったに～ない」を表
す語が入る。

2　次の英文が正しければ○を，間違っていれば×を書きなさい。

2　意味や語順に注意して解く。

☐(1)　I have no money with me.　　　　　　　　　　　（　　　）

☐(2)　Nobody isn't proud of her.　　　　　　　　　　（　　　）

☐(3)　Any students didn't bring the textbook.　　　（　　　）

☐(4)　Either of us didn't arrive at the museum.　　（　　　）

3　次の各組の英文がほぼ同じ内容になるように，（　　）内に適する語を書きなさい。

☐(1)　I had no time to make a speech.

　　　　I（　　　　　　）have（　　　　　　）time to make a speech.

3　(1)no 〜＝not any 〜

☐(2)　They don't have anything to drink.

　　　　They have（　　　　）（　　　　　　）drink.

(2)nothing＝not anything

☐(3)　We know neither of them.

　　　　We（　　　　　　）know（　　　　　　）of them.

(3)neither 〜＝not either 〜

4　日本文に合うように（　　）内の語(句)を並べかえ，全文で書きなさい。

☐(1)　あの犬はめったに吠えません。

　　　　（ seldom / that dog / barks ）.

4　(1)「めったに〜ない」は seldom で表す。

☐(2)　彼女はまったく怒っていませんでした。

　　　　（ at / wasn't / angry / she / all ）.

(2)「まったく〜ない」は not 〜 at all で表す。

☐(3)　私は両方のお寺を訪れるわけではありません。

　　　　（ don't / visit / I / temples / both ）.

(3)部分否定の文。

☐(4)　彼と同じくらい速く走れる人はいません。

　　　　（ fast / as / as / can / nobody / run ） he.

(4)nobody を主語に置く。

5　次の英文を日本語に訳しなさい。

☐(1)　She rarely drives a car.

5　(1)rarely は「めったに〜ない」の意味を表す。

☐(2)　There is little water in the glass.

(2)little は「(量が) ほとんど〜ない」の意味を表す。

●Step問題3●

1　　次の日本語を英語に直しなさい。

☐(1)　～のそばで　　　　　　　（　　　　　　　）～

☐(2)　～の前に　　　　　　　　（　　　　　　　）（　　　　　　　）（　　　　　　　）～

☐(3)　（第5文型）OをCにする　（　　　　　　　）O C

☐(4)　（程度が）ほとんど～ない　（　　　　　　　）

☐(5)　まったく～ない　　　　　not ～（　　　　　　　）（　　　　　　　）

2　　次の語の比較級・最上級を書きなさい。

☐(1)　tall　　　-（　　　　　　　）-（　　　　　　　）

☐(2)　easy　　-（　　　　　　　）-（　　　　　　　）

☐(3)　difficult -（　　　　　　　）（　　　　　　　）-（　　　　　　　）（　　　　　　　）

☐(4)　well　　-（　　　　　　　）-（　　　　　　　）

☐(5)　bad　　-（　　　　　　　）-（　　　　　　　）

3　　次の日本文に合うように（　　）内に適する語を書きなさい。

☐(1)　木の下で踊っている女の子はクミです。

　　　The girl dancing（　　　　　　　）the tree is Kumi.

☐(2)　私はジェーンが正しいと思います。

　　　I（　　　　　　　）（　　　　　　　）Jane is right.

☐(3)　あなたは私に会った日のことを覚えていますか。

　　　Do you remember the day（　　　　　　　）you met me?

☐(4)　カギを探している男性をあなたは知っていますか。

　　　Do you know the man（　　　　　　　）is looking for the key?

☐(5)　できるだけたくさんの本を読みなさい。

　　　Read as many books（　　　　　　　）（　　　　　　　）.

☐(6)　私は秋よりも春のほうが好きです。

　　　I like spring（　　　　　　　）（　　　　　　　）fall.

☐(7)　私は今，空腹を感じます。

　　　I（　　　　　　　）hungry now.

☐(8)　彼らはその猫をタマと名づけました。

　　　They（　　　　　　　）the cat Tama.

☐(9)　私はめったに山に登りません。

　　　I（　　　　　　　）climb the mountain.

☐(10)　彼はいつもひまというわけではありません。

　　　He is（　　　　　　　）（　　　　　　　）free.

4 〔　〕内から適する語（句）を選び，◯で囲みなさい。

☐(1) I get up 〔 at / on / in 〕 six every morning.

☐(2) 〔 Though / If / Till 〕 you study hard, you'll pass the exam.

☐(3) This is the letter 〔 who / whom / which 〕 Mary wrote.

☐(4) The house 〔 which / whose / that 〕 roof is red is Ken's.

☐(5) This movie is 〔 interesting / more interesting / the most interesting 〕 than that one.

5 次の各組の英文がほぼ同じ内容になるように，〔　〕内に適する語を書きなさい。

☐(1) It was snowing hard, so I stayed home.

I stayed home 〔　　　　　〕 it was snowing hard.

☐(2) This is the toy. He has wanted it for a long time.

This is the toy 〔　　　　　〕 he has wanted for a long time.

☐(3) Kenji is not as tall as Mary.

Mary is 〔　　　　　〕 than Kenji.

☐(4) My friend lent me the eraser.

My friend lent the eraser 〔　　　　　〕 me.

6 日本文に合うように〔　〕内の語（句）を並べかえ，全文で書きなさい。

☐(1) もし，あなたがあのバスに乗ったら，7時に駅に到着するでしょう。

You'll get to the station at seven 〔 take, you, if, that, bus 〕.

☐(2) これは，おじが私にくれた財布です。

This 〔 my uncle, which, gave, is, the wallet 〕 me.

☐(3) この建物はあの建物ほど新しくありません。

This 〔 that, as, as, building, one, is, new, not 〕.

☐(4) 彼女は私に一杯の水を持ってきてくれました。

She 〔 me, water, brought, a glass of 〕.

☐(5) この湖にはほとんど魚がいません。

There 〔 this, fish, are, in, few, lake 〕.

14 命令文

命令文は，主語（主に You）を省略し動詞（原形）から文をはじめて，命令・依頼・禁止・勧誘などの意味を表す。

■ **肯定命令文：主語を省略し，「命令」の意味を表す。〈動詞の原形～〉「～しなさい」**

    Listen to me carefully.   私の言うことを注意して聞きなさい。
    動詞の原形

> **命令文の答え方の例**
> 「承諾」：All right. OK. Sure.
> 「断り」：I'm sorry. Sorry.

➡be 動詞ではじまる文の場合：Be quiet.「静かにしなさい。」
               be 動詞を文頭にする

➡please「どうぞ」を文頭や文末に加えた場合：「依頼」の意味が加わる。

■ **否定命令文：「禁止」の意味を表す。〈Don't＋動詞の原形～〉「～するな，～してはいけない」**

    Don't be late for school.   学校に遅れてはいけない。
    Do not＋動詞の原形

➡Don't の代わりに Never を用いた場合：「長期間の強い禁止」の意味が加わる。

■ **Let's ではじまる命令文：「提案・勧誘」を表す。〈Let's＋動詞の原形～〉「一緒に～しましょう」**

    Let's play tennis.   一緒にテニスをしましょう。
    Let's＋動詞の原形

➡答え方：Yes, let's.「はい，そうしましょう。」/No, let's not.「いいえ，よしましょう。」

> **命令文の書きかえ**
> →命令文～，and you will ...「～しなさい，そうすれば…するだろう」＝If you～, you will ...
> →命令文～，or you will ...「～しなさい，さもないと…するだろう」＝If you ～, you will ...

例題 次の日本文に合うように（   ）内に適する語を書きなさい。

(1) 一緒にケーキを作りましょう。
    （   ）（   ） cakes together.

(2) 今，テレビゲームをしてはいけません。
    （   ）（   ） a video game now.

◆ 練習問題 ◆

1 次の日本文に合うように（   ）内に適する語を書きなさい。

□(1) この歌を一緒に歌いましょう。
    （   ）（   ） this song together.

□(2) ていねいな手洗いをしなさい。
    （   ） your （   ） carefully.

□(3) 明日の夜，私の家に来てください。
    （   ）（   ） to my house tomorrow night.

□(4) もっと運動をしなさい，さもないと太りますよ。
    （   ） more exercise, （   ） you will get fat.

> **ヒント**
> □1 (1)「一緒に～しましょう」と誘う表現。
>
> (2)命令文では動詞の原形ではじめる。
>
> (3)ていねいな命令文を表すのにつけ足す語は？
>
> (4)「少し運動する」
> take some exercise

2　次の英文を命令文に書きかえなさい。

□(1)　You must get up early tomorrow.

□(2)　You must not play baseball in the park.

□(3)　You must be kind to old people.

□(4)　Play soccer after school. 「〜しましょう」と勧誘する命令文に

3　日本文に合うように　　　内の語(句)を並べかえ、全文で書きなさい。

□(1)　一緒にホットケーキを作りましょう。
（ together / make / let's / pancakes ）.

□(2)　廊下を走ってはいけません。
（ the hallway / don't / in / run ）.

□(3)　二度と学校に遅刻するなよ。
（ late / never / school / for / be ） again.

□(4)　図書館では静かにしてください。
（ the library / please / quiet / be / in ）.

■チャレンジ問題！　空所に適当な語を入れ、次の状況に合う命令文を完成させなさい。

(1)　日本語禁止の英会話の授業で。
　　　　　　　　　　　　　Japanese.

(2)　少し休憩したいときの提案。
　　　　　　　　　　　　　a tea break.

(3)　感染症対策で。
　　　　　　　　　　hands carefully.

(4)　車の往来の激しい交差点で。
　　　　　　　　　　. A car is coming.

◆要点整理◆

疑問文にはさまざまな表現があり，疑問詞（?）のない疑問文もある。

■**付加疑問**：平叙文（肯定文と否定文），命令文のあとに「〜ですよね」「〜しなさいね」「〜しましょうね」などの意味をつけ足す「軽い疑問文」。相手に「確認・同意」を求める。

付加疑問の作り方
①肯定文には「否定の付加疑問」，否定・命令文のあとには「肯定の付加疑問」をつける。
②付加疑問の主語は代名詞にする。

| 肯定の平叙文 | It is very hot today, isn't it? | 今日はとても暑いですね。 |
| | be 動詞　　　　　　否定の付加疑問 | 軽い同意・確認 |

| 否定の平叙文 | Tom doesn't like sweets, does he? | トムは甘いものは好きじゃないのだね。 |
| | does + not　　　肯定の付加疑問 | 軽い同意・確認 |

| 命令文 | Do your homework, will you? | 宿題をしなさいね？ |
| | 動詞の原形　　　肯定の付加疑問 | 軽い同意・確認 |

Let's の付加疑問文
Let's で始まる付加疑問文は，文末に shall we? をつける。
A: Let's go shopping, shall we?　一緒に買い物に行きましょう。
B: Yes, let's.　　　　　　　　　　はい，行きましょう。

■**間接疑問**：疑問詞（what, who, where, when, how）ではじまる疑問文が，文のなかで名詞節として組み込まれた形。

名詞節は文のなかで目的語となり，〈疑問詞＋S（主語）＋V（動詞）〉「〜なのか」で表す。

| 疑問詞の疑問文 | | Where does she live? | 彼女はどこに住んでいるの？ |

間接疑問文	I don't know where she lives.	彼女がどこに住んでいるのか私は知らない。
	私は知らない　　疑問詞　S + V	「〜なのか」
	→名詞節（目的語）	

間接疑問で主に使われる動詞
ask「たずねる」，know「知っている」，say「言う」，understand「理解する」
wonder「〜かしらと思う」，tell「話す」，learn「知る」など。

「疑問詞を使わない疑問文」を間接疑問にする場合
Did he go to the concert?　　彼はコンサートへ行った？
　　　　↓疑問詞（what, who, where, when, how）を使っていない文
I don't know if he went to the concert.　　彼がコンサートに行ったか私は知らない。
私は知らない　　　名詞節
➡ if「〜かどうか」は，whether「〜かどうか」でも表せる。

よく使われる疑問形の間接疑問の表現
〈疑問詞＋do you think＋S＋V〜?〉「疑問詞＋S＋V だと思う？」
Why do you think he got angry?　　なぜ彼は怒ったと思いますか？
疑問詞「なぜ」　　名詞節（S＋V）

例題 次の日本文の意味に合うように（　　）に適語を入れなさい。

(1) お疲れでしょうね。

You are tired, （　　　　）（　　　　　　）?

(2) 彼はあなたのメールアドレスを知らないんですね。

He doesn't know your e-mail address, （　　　　）（　　　　　　）?

(3) コンサートがどこで行われるのか知っていますか。

Do you know （　　　　　） the concert （　　　　　） held?

(4) 彼は誰だと思いますか。

（　　　　　） do you think （　　　　　）（　　　　　）?

練習問題

[1] 次の日本文に合うように（　　）内に適する語を書きなさい。

□(1) タクシーを呼んでくれませんか。

（　　　　　） a taxi for me, （　　　　）（　　　　　）?

□(2) あなたはまだ宿題を終えていないんですね。

You （　　　　　） finished your homework yet, （　　　　　）
（　　　　　）?

□(3) 誰かこの問題を解けるかな。

I （　　　　）（　　　　） someone can answer this question.

□(4) 放課後はテニスでもしようか。

（　　　　　） play tennis after school, （　　　　　） we?

□(5) その箱の中に何が入っているか知りたいな。

I want to know （　　　　）（　　　　）（　　　　） the box.

[2] 日本文に合うように（　　）内の語(句)を並べかえ，全文で書きなさい。

□(1) あなたは彼女が何語を話しているかわかりますか。

Do you （ what / understand / is / language / speaking / she ）?

□(2) この箱は何でできていると思いますか。

（ of / what / think / this / you / do / is / box / made ）?

□(3) 彼がその車にいくら払ったのか私にはわかりません。

I （ much / he / don't / the car / know / paid / how / for ）.

ヒント

[1](1)命令文に続く付加疑問は will を含む。

(2)現在完了を含む否定文の付加疑問は？

(3)「〜かしら」は，I wonder を用いる。

(4)「一緒に〜しましょう」の英文は Let's 〜 を用いる。そのあとの付加疑問は？

(5)疑問詞 what を含む間接疑問。

[2](1)what language ではじまる間接疑問が understand に続く。

(2)〈What do you think 〜〉という形の間接疑問を含む文。

(3)don't know のあとに間接疑問として how much SV が続く。

16 仮定法

◆要点整理◆

仮定法は，「事実とはちがう」ことや，「可能性が低い」ことを仮定して表す。

■ **仮定法過去**：「現在」の事実とちがうことを，〈if＋過去形〉で仮定する。

〈If＋S＋過去形の動詞～，S＋助動詞の過去形＋動詞の原形…〉「もし今～なら」

→仮定法で使われる助動詞：| would「～するだろう」 | could「～できるのに」 | might「～かもしれないのに」 |

■ **仮定法過去完了**：「過去」の事実とはちがうことを，〈if＋had＋過去分詞〉で仮定する。

〈If＋S＋had＋過去分詞～，S＋助動詞の過去形＋have＋過去分詞…〉「もしあのとき～なら」

■ **仮定法のいろいろな表現**

I wish＋S＋仮定法過去・仮定法過去完了 「～ならいいのに」「～ならよかったのに」
as if＋仮定法過去・仮定法過去完了 「まるで～であるかのように」「まるで～だったかのように」
It is (high・about) time＋仮定法過去 「～する時間だ」＊higt time「もう～」，about time「そろそろ」
If it were not for ～・If it had not been for ～ 「もし今～がなければ」「もしあのとき～がなかったら」
＊If it ～の表現は But for ～・Without ～ で表すこともできる。

例題 次の各文の（　）内の語句を適当な形にかえなさい。

(1) If I（have）enough time, I could eat lunch with you. （　　　　）

(2) If you（leave）home earlier, you would have caught the first train. （　　　　）

(3) I wish I（can）speak English as fluently as you. （　　　　）

(4) It is time you（prepare）for the meeting next week. （　　　　）

(5) Meg speaks as if she（know）the famous singer personally. （　　　　）

※ 練 習 問 題 ※

正答数

問／3問

1　日本文に合うように　　内の語(句)を並べかえ，全文で書きなさい。

□(1) もし変化がなければ，人生は退屈であろう。

（ not / changes / were / if / for / it ）, our life would be boring.

ヒント
1(1)「もし今～がなければ」
＝If it were not for ～

□(2) もしあなたの助けがなかったら，成功しなかっただろう。

（ not / your help / had / been / if / for / it ）, I could not have succeeded.

(2)「もしあのとき～がなかったら」
＝If it had not been for ～

□(3) 父の助言がなかったら，就職面接に受からなかっただろう。

（ for / advice / my father's / but ）, I could not have passed the job interview test.

(3)〈But for ＋名詞句〉で，「～がなかったら」という意味の慣用表現。

17 分詞構文

◆要点整理◆

分詞構文とは，分詞＝現在分詞（〜ing）・過去分詞（ed）を使って，接続詞や主語を省略した文をつくり，「時・理由・付帯状況などの意味」を表す構文のこと。

➡〈時〉の意味を表す「〜するとき」

例文）　When I looked up, I saw a rainbow in the sky.

①接続詞と主語をとる（主語がちがう場合は残す）　主節（この文に意味をつけ加える）
②動詞を現在分詞にする

　　Looking up, I saw a rainbow in the sky.　　見上げると，空に虹が見えました。

➡主節の時制より分詞構文が前に起こっている場合：〈having＋過去分詞〉にする。

➡否定形の分詞構文：not を分詞の前に置く。「〜しないので」

➡with を使った付帯状況の表現もある：〈with＋目的語＋現在分詞/過去分詞〉「〜されたままで」

慣用的な分詞構文
generally speaking「一般的に言って」, frankly speaking「率直に言って」, judging from 〜「〜から判断すると」

例題　次の日本文に合うように（　）に適する語を書きなさい。

(1) 駅に着いたとき，電車はもう出てしまっていた。
（　　　　　）at the station, I found the train had already left.

(2) 学校を休んだので，ケイコは英語のテストを受けられなかった。
（　　　　　）absent from school, Keiko couldn't take the English test.

(3) ボブはコーラを飲みながら野球の試合を見ていた。
（　　　　　）Coke, Bob was watching the baseball game.

(4) 率直に言えば，あなたの計画は実行不可能です。
（　　　　　）speaking, it is impossible to carry out your plan.

● 練習問題 ●

正答数　　問／3問

1 日本文に合うように（　）内の語(句)を並べかえ，全文で書きなさい。

□(1) その女性は脚を組んで座っていた。
The woman was sitting（ crossed / legs / with / her ）.

ヒント
1 (1)〈付帯状況〉の with を用いた表現。

□(2) どうすればいいかわからなかったので，彼に助言を求めた。
（ to do / knowing / what / not ）, I asked him for advice.

(2)not 〜ing ではじまる分詞構文。

□(3) 戸締りを全部してから，私は寝ました。
（ the doors / locked / having / all ）, I went to bed.

(3)完了形ではじめる分詞構文。

18 強調構文

◆要点整理◆

強調構文とは語順をかえるなどして，文中の語や句を「強調」すること。

■ 〈It is ～ that ...〉「... なのは～だ」：～に入る語や句を強調する。

My sister visited New York last month.　　私の姉は先月ニューヨークを訪れた。
　①主語　　　　②目的語　　　③副詞句

①を強調する場合：It was my sister that visited New York last month.
　　　　　　　　　　► 強調 ◄
　　　　　　　　　　　　先月ニューヨークを訪れたのは，私の姉だ。

②を強調する場合：It was New York that my sister visited last month.
　　　　　　　　　　► 強調 ◄
　　　　　　　　　　　　先月私の姉が訪れたのは，ニューヨークだ。

③を強調する場合：It was last month that my sister visited New York.
　　　　　　　　　　► 強調 ◄
　　　　　　　　　　　　私の姉がニューヨークを訪れたのは，先月だ。

➡「～」の部分が人なら who，物なら which を用いてもよい。

● 節を強調した文

It was because I was ill that I could not attend the party yesterday.
　　► 節を強調 ◄　　　　昨日パーティーに出席できなかったのは，病気だったからだ。

- -

例題　次の英文を下線部を強調する文に書きかえなさい。

(1) John bought some souvenirs for his family.

(2) Judy left the notebook at the subway station.

◉ 練習問題 ◉

1　日本文に合うように（　　）内の語(句)を並べかえ，全文で書きなさい。

□(1) 昨日になって初めてその知らせを聞いた。

　　　（ it / that / until / wasn't / yesterday ） I heard the news.

ヒント

1(1) not until ... 「... になって初めて」

□(2) 家に鍵をかけ忘れたのは母だった。

　　　（ unlocked / my mother / it / left / the house / was / who ）

(2)強調するのは「人」なのでIt was ... who を用いる。

□(3) マサルが満塁ホームランを打ったのは，この球場でした。

　　　（ at / hit / it / Masaru / this stadium / that / was ） a grand slam.

(3)強調するのは「この球場」。

19 話法

◆ 要点整理 ◆

直接話法	人の話したこと（平叙文・疑問文・命令文）を引用符（" "）で囲み，そのまま伝える方法。発言状況や発言内容をそのまま伝えるので物語や小説によく用いられる。
間接話法	発言内容を伝える人の視点からとらえ直して，第三者に伝える方法。

直接話法 → 間接話法の書きかえ手順（平叙文）
①伝達動詞の選択：say[said] to 人を tell[told] 人にする。②" " を that 節にする。※that は省略することもできる。
③人称[指示]代名詞をかえる。④時制を一致させる。⑤時と場所の副詞をかえる。

例題 直接話法から間接話法の言いかえを完成しなさい。

(1) 〈例〉Lisa said to me, "You have to hand in the paper today."〈平叙文〉

リサは私に「今日レポートを提出しないといけないよ」と言った。

　　Lisa（　　　　）me（　　　　　　）I had to hand in the paper that day.

直接話法 → 間接話法の書きかえ手順（疑問文）
①伝達動詞の選択：say[said] to 人を ask[asked] 人にする。②" " を疑問詞節，if（＝whether）節にする。③〜⑤は同様。

例題 直接話法から間接話法の言いかえを完成しなさい。

(2) 〈例〉Lisa said to me, "When is your birthday?"〈疑問詞ではじまる疑問文〉

リサは私に「誕生日はいつですか」と言った。

　　Lisa（　　　　）me when（　　　　　　）birthday was.

(3) 〈例〉Lisa said to me, "Do you like Italian food?"〈Yes/No 疑問文〉

リサは私に「イタリア料理は好きですか」と言った。

　　Lisa（　　　　）me if I（　　　　　　）Italian food.

直接話法 → 間接話法の書きかえ手順（命令文）
①伝達動詞の選択：say[said] to 人を tell[told] 人，ask[asked] 人，advise[advised] 人にする。
②" " を不定詞（to＋動詞の原形）にする。③〜⑤は同様。

例題 直接話法から間接話法の言いかえを完成しなさい。

(4) 〈例〉Lisa said to me, "Hurry up!"〈命令文〉

リサは私に「急いで！」と言った。

　　Lisa（　　　　）me（　　　　　　）hurry up.

◆ 練習問題 ◆

正答数
問／3問

1 各組の英文がほぼ同じ内容を表すように（　　　）内に適語を書きなさい。

(1) She said to him, "You will win the game."
　　She（　　　　）him that he（　　　　）win the game.

(2) He said to me, "Are you all right?"
　　He asked me（　　　　）I（　　　　）all right.

(3) He said to me, "Don't touch my computer."
　　He（　　　　）me not（　　　　）touch his computer.

ヒント
1(1)平叙文の伝達。said→told，will→would.

(2)Yes/No 疑問文では if を用いる。

(3)命令文では不定詞を用いる。

41

●Step問題4●

1　次の日本文に合うように（　　）内に適する語を書きなさい。

(1)　その最新技術がなければ，ドローンは発明されなかっただろう。
（　　　　　） the latest technology, drones wouldn't have been invented.

(2)　タイトルから判断すると，その映画はすごく面白そうね。
（　　　　　）（　　　　　　　） the title, the movie looks really interesting.

(3)　彼女は目を閉じて音楽を聴いていた。
She was listening to the music （　　　　　） her eyes （　　　　　）.

(4)　決してあきらめてはいけません。
（　　　　　）（　　　　　　　） up your hope.

(5)　新しい靴を買ったのはこの店でした。
（　　　　　） was at this store （　　　　　） I bought my new shoes.

(6)　マリはその映画のことは何でも知っているかのように話した。
Mari talked （　　　　　）（　　　　　　　） she knew everything about the movie.

(7)　君みたいにテニスが上手であればいいのだが。
（　　　　　）（　　　　　　　） I could play tennis well like you.

(8)　もう一度やってみようか。
Let's try it again, （　　　　　）（　　　　　　　）?

2　次の各組の英文がほぼ同じ内容を表すように，（　　）内に適する語を書きなさい。

(1)　If you are not quiet in the library, you will be told to get out.
（　　　　　）（　　　　　　　） in the library, or you will be told to get out.

(2)　Yesterday, Lisa said to me, "I will come to see you tomorrow."
Yesterday, Lisa （　　　　　） me that （　　　　　） would come to see me the （　　　　　） day.

(3)　The doctor said to me, "What did you eat yesterday?"
The doctor （　　　　　） me （　　　　　） I had （　　　　　） the day before.

(4)　If it is fine, we are going to climb the mountain tomorrow.
（　　　　　） permitting, we are going to climb the mountain tomorrow.

(5)　Let's go out for some fresh air.
（　　　　　） we go out for some fresh air?

(6)　If it had not been for your help, our project wouldn't have been completed.
（　　　　　）（　　　　　　　） your help, our project wouldn't have been completed.

(7)　As this room isn't so large, I can't put a bed in it.
If this room （　　　　　） a little larger, I （　　　　　） put a bed in it.

(8)　You must not be late for tomorrow's meeting.
（　　　　　）（　　　　　　　） late for tomorrow's meeting.

□(9) Shall we take a rest here?

(　　　　　) (　　　　　　　　　) a rest here.

□(10) After I had finished my homework, I went to bed.

(　　　　　) (　　　　　　　　　) my homework, I went to bed.

3 日本文に合うように（　　　）内の語（句）を並べかえ，全文で書きなさい。

□(1) ケンジ，そろそろ起きてもいい頃じゃないの。

Kenji, (time / up / you / about / it's / got).

□(2) 彼は自転車に鍵をかけないで学校に行きました。

He (to school / with / unlocked / his bike / went).

□(3) 彼はいつ来ると思いますか。

(think / is / he / you / coming / when / do)?

□(4) あなたのお母さんってどんな人なのか教えて。

Tell me (your mother / is / what / like).

□(5) 何を言ったらよいかわからなかったので，彼はずっと黙っていた。

(say / to / knowing / not / what), he remained silent.

4 次の英文を（　　　）内の指示に従って書きかえなさい。

□(1) <u>Who</u> took the picture of the beautiful scene? 〔下線部を強調する構文に〕

□(2) Mike said to me, "Do you like French food?" 〔間接話法に〕

□(3) Yoshiki said to me, "Please help me with my homework." 〔間接話法に〕

□(4) <u>A young girl</u> told me the way to the station. 〔下線部を強調する構文に〕

20 語形変化

◆要点整理◆

■ 語形変化問題の攻略法

①直前に be 動詞がある場合，進行形か受け身なので，動詞は〜ing か過去分詞にする。
②直前に have，has，had があればその直後の動詞は過去分詞。
③直前に助動詞があればその直後の動詞は原形。
④動詞の目的語が不定詞であるグループ，動名詞であるグループに注意する。※下のチェックリスト❶❷
⑤まぎらわしい形容詞や副詞に注意する。pretty，hard，hardly，late，lately
⑥うしろに過去を表す語（yesterday，last week，ago）があれば過去形。
⑦動詞は〈原形ー過去形ー過去分詞〉をチェックして覚える。不規則動詞に注意する。※下のチェックリスト❸
⑧名詞の複数形では，語尾の y を i にかえて es をつけるもの，不規則変化するものに注意する。
⑨所有代名詞には注意する。mine，yours，his，hers，ours，theirs など。
⑩不規則な比較変化はチェックする。

チェックリスト❶：動名詞だけを目的語にとる動詞の例
admit「〜を認める」，deny「〜を否定する」，finish「〜を終える」，give up「〜をあきらめる」，avoid「〜を避ける」，put off「〜を延ばす」 など。

チェックリスト❷：不定詞だけを目的語にとる動詞の例
decide「決める」，expect「期待する」，hope「〜を望む」，offer「申し出る」，plan「計画する」，promise「約束する」 など。

チェックリスト❸：まぎらわしい不規則動詞の変化の例
buy-bought-bought「買う」，bring-brought-brought「持ってくる」，draw-drew-drawn「(絵を) かく」，drink-drank-drunk「飲む」，eat-ate-eaten「食べる」，fall-fell-fallen「落ちる」，hide-hid-hidden「隠す」，lay-laid-laid「置く」，lie-lay-lain「横たわる」，pay-paid-paid「払う」，ring-rang-rung「鳴る」，sell-sold-sold「売る」，send-sent-sent「送る」，sink-sank-sunk「沈む」，teach-taught-taught「教える」，wear-wore-worn「着る」，win-won-won「勝つ」 など。

例題 意味が通る英文になるように〈　　〉内の語を適当な形にかえて（　　）内に書きなさい。

(1) She （　　　　　） her friend a doll last week. 〈send〉

(2) What language is （　　　　　） in this country? 〈speak〉

(3) You may not （　　　　　） this window. 〈open〉

● 練習問題 ●

正答数

問／24問

1 意味が通る英文になるように〈　〉内の語を適当な形にかえて
（　　）内に書きなさい。

ヒント

☐(1) New Zealand is （　　　　　） than Japan. 〈small〉

☐(2) I have never （　　　　　） a letter in English. 〈write〉

☐(3) Today is Keiko's （　　　　　） birthday. 〈twelve〉

☐(4) How many （　　　　　） do you have? 〈child〉

☐(5) Carol is very good at （　　　　　）. 〈swim〉

☐(6) It was （　　　　　） than any other doll in the room. 〈pretty〉

☐(7) I like her all the （　　　　　） for her faults. 〈good〉

1 (1)比較級の問題。

(2)write-wrote-written

(3)-th で終わる単語。

(4)child の複数形。

(5)動名詞にする。

(6)pretty の比較級。

(7)all the 比較級 for 〜「〜だからいっそう」

2 次の英文の（　　　）内に入れるのに最も適当なものを選びなさい。

2 (1)比較級を探す。

☐(1) Your cat is （　　　） than mine.

　　ア　pretty　イ　prettier　ウ　more pretty　エ　prettiest

(2)one of the 最上級・形容詞＋複数名詞

☐(2) Tokyo is one of （　　　） cities in the world.

　　ア　the large　イ　the larger　ウ　the largest　エ　largest

(3)succeed の形容詞形。

☐(3) He was （　　　） in the difficult exam.

　　ア　success　イ　successful　ウ　succeed　エ　successive

(4)respect の形容詞形で「立派な」という意味の語。

☐(4) She is a （　　　） old lady.

　　ア　respect　イ　respectful　ウ　respective　エ　respectable

(5)「想像力豊かな」という意味の形容詞。

☐(5) He is an （　　　） writer and has written many novels.

　　ア　imaginable　イ　imaginative　ウ　imaginary

　　エ　imagination

(6)「隠された」という語。hide の過去分詞。

☐(6) The explorer found a （　　　） treasure in the island.

　　ア　hidden　イ　hiding　ウ　hide　エ　hid

3 （　　　）内から適する語を選び，○で囲みなさい。

3 (1)「〜を敷く」という意味は lay で過去形を選ぶ。

☐(1) The boy （ laid / lay ） a new carpet on the floor yesterday.

(2)draw の過去形。

☐(2) The student （ draws / drew ） a picture of his house on the blackboard yesterday.

(3)enjoy のあとは動名詞。

☐(3) I enjoyed （ to talk / talking ） to you during the lunch time.

(4)hope のあとは不定詞。

☐(4) I hope （ to come / coming ） back here again in the future.

(5)「敏感な」という意味の形容詞。

☐(5) Lisa is （ sensitive / sensible ） to criticism from her classmates.

4 次の各組の英文には共通の語が入ります。下の語群から選びなさい。

4 (1)「休憩」「破る」

☐(1) I took a （　　　） for a few minutes after I worked many hours.

　　I never （　　　） a promise.

(2)「近い」「閉める」

☐(2) My apartment is （　　　） to the station. It's really convenient.

　　Will you （　　　） the door? It's cold in here.

(3)「乗り遅れる」「いなくて寂しい」

☐(3) You shouldn't （　　　） the last train.

　　I （　　　） my family because I have been away from them for a long time.

(4)「走る」「経営する」

☐(4) I'm sorry that I can't （　　　） so fast.

　　Two of my friends （　　　） nice restaurants.

(5)「元気な」「罰金」

☐(5) He was sick yesterday, but today he looked just （　　　）.

　　She had to pay a （　　　） for illegal parking.

(6)「ここ5年間」「最も〜しそうにない」

☐(6) I have written several novels in the （　　　） five years.

　　He is the （　　　） person to do such a foolish thing.

　　　　　| last　miss　close　break　fine　run |

21 空所補充・適語選択

◆要点整理◆

■空所補充・適語選択問題の攻略法

①空所の文法的な役割を見つける。熟語や構文の一部かどうかを判断する。
②空所の前後の語句からヒントを見つける。対話文形式での空所補充であれば，応答としてふさわしいものを選ぶ。
③選択肢の特徴を確認して，どのタイプの問題なのかを判断する。
④選択肢にスペルの似た単語が並んでいないかを見る。〈例〉refer, infer, confer
⑤選択肢でイコール関係の語句は除外する。

例題　次の英文の（　　　）内に入れるのに最も適当なものを選びなさい。

(1) How （　　　） will the game begin? I'd like to get something to drink.

　　　ア　soon　イ　fast　ウ　long　エ　early

(2) A : It's hot, isn't it?

　　　B : Yes, it is. Let's take a rest in the （　　　） of a tree.

　　　ア　shape　イ　shake　ウ　share　エ　shade

(3) A : I hear the rock concert is going to be broadcast live.

　　　B : I can't （　　　） it.

　　　ア　fail　イ　miss　ウ　mistake　エ　lose

(4) A : May I （　　　） this dictionary for a while?

　　　B : Yes, but please return it as soon as you've done with it.

　　　ア　borrow　イ　hire　ウ　lend　エ　rent

(5) My car （　　　） down, so I won't be able to get there on time.

　　　ア　got　イ　turned　ウ　cut　エ　broke

● 練 習 問 題 ●

正答数
問／4問

□　次の英文の（　　　）内に入れるのに最も適当なものを選びなさい。

ヒント

□(1) I received a letter from Ted yesterday （　　　） that he's leaving Japan.

　　　ア　say　イ　saying　ウ　said　エ　to say

□(1)前にある語句を修飾する分詞。

□(2) We hoped the typhoon would not do any （　　　） to the crop.

　　　ア　pain　イ　accident　ウ　harm　エ　loss

(2)「〜に被害を与える」

□(3) I was surprised to hear the news （　　　） your sister had suddenly got married.

　　　ア　of　イ　what　ウ　that　エ　which

(3)同格の働きをする接続詞。

□(4) Jessica （　　　） to hear that her daughter failed in the test.

　　　ア　disappointed　イ　had disappointed
　　　ウ　was disappointing　エ　was disappointed

(4)「がっかりした」という意味の受動態。

22 語群整序

◆要点整理◆

■語群整序問題の攻略法

①並べかえの語句から問題タイプを見つける。熟語・語彙・文法・構文のどんなポイントが問われているかを発見して，時間を短縮する。
②並べかえの選択肢を減らす。「文法的にこれしかない」という選択肢を先につなげる。
③並べかえの最初と最後を埋める。「空欄の最初と最後にこれしかない」という選択肢を並べる。
④並べかえた語句を見て日本語に訳す。うまく訳せなければ，どこが問題なのかを考える。

例題　日本文に合うように（　　）内の語（句）を並べかえ，全文で書きなさい。

(1) 来週の今頃，私の弟は快適な日々を過ごしているだろう。

My brother（ be / life / time / this / a / will / living / comfortable ）next week.

(2) そんなにたくさんのお菓子を食べないほうがいいですよ。

You（ eat / had / so many / not / snacks / better ）.

(3) 交通渋滞がなかったら，私はその飛行機に乗れたのに。

（ it / been / if / for / had / the traffic jam / not ），I would have caught the flight.

● 練習問題 ●

正答数
問／3問

① 日本文に合うように（　　）内の語(句)を並べかえ，全文で書きなさい。

ヒント

□(1) ヒロシは自動車の運転免許をとるのに十分な年齢ではない。

Hiroshi（ get / enough / is / old / driver's / to / not / license / a ）.

□(1)〈... enough to ～〉前にある語句を修飾する不定詞。

□(2) この新しい計画は考える価値がある。

（ is / plan / about / this / worth / new / thinking ）.

(2)S is worth ～ing「～する価値がある」
think about ...「…について考える」

□(3) 庭は狭ければ狭いほど手入れするのが簡単です。

The smaller the garden is,（ look / the / is / to / it / after / easier ）it.

(3)The＋比較級 ..., the＋比較級 ～「…すればするほど，ますます～」

23 正誤書きかえ

◆要点整理◆

■ 正誤書きかえ問題の攻略法

①各文法単元の例題を復習して，基礎知識を蓄える。語法・文法の根拠を理解して覚える。
②動詞の語法，前置詞の語法，代名詞の語法（数え方，「ほとんど」の使い方），名詞の語法（可算・不可算），形容詞（few/little の使い方）と副詞の語法，時制（時・条件の未来の代用），比較，準動詞，関係詞などに気をつける。

例題　次の文の下線部の誤りを正しく直しなさい。

(1) I'm seeing my dentist this afternoon to get my bad tooth <u>to take out</u>.

〈get＋O＋過去分詞〉　　　　　　　（誤り）to take out　→（正）
「O を〜してもらう」

(2) We planned to have a surprise party for him <u>in Sunday</u>.

〈on＋曜日〉　　　　　　　　　　　（誤り）in Sunday　→（正）

(3) You have to <u>change the train</u> at the next station.

「列車乗り換え　　　　　　　　（誤り）change the train　→（正）
＝２つの路線の利用」

◉ 練習問題 ◉

正答数

問／5問

1　次の文の下線部の誤りを正しく直しなさい。

□(1) <u>Every</u> of the candidates has his own plan for overcoming the problem.

（誤り）Every　→（正）

□(2) When he arrived at the station, the last train had left only a few minutes <u>ago</u>.

（誤り）ago　→（正）

□(3) <u>I am really interesting</u> in the ecological system of the rain forests in Brazil.

（誤り）I am really interesting　→（正）

□(4) If <u>it will be</u> nice tomorrow, we may go to Sunset Beach for a picnic.

（誤り）it will be　→（正）

□(5) You simply must see this movie. It's <u>the best exciting film</u> I've ever seen.

（誤り）the best exciting film　→（正）

ヒント

1 (1)「〜の一人一人」の意味を１語で表す単語は e で始まる４文字の語。

(2)過去完了で「〜前」は ago ではなく，b で始まる副詞。

(3)〈感情を表す形容詞〉は，「人」が主語のときは過去分詞。

(4)条件節では内容が未来でも動詞は現在時制で表す。

(5)最上級を表すには -est を含む語か the most … にする。

24 和文英訳

◆要点整理◆

■和文英訳問題の攻略法

①文法・構文の知識を活用して，英訳しやすい日本文に置きかえる。
②5文型のどれかを使う日本文に直す。
③主語と動詞を選ぶ。
④長い日本文は短い日本文に分けてみる。
⑤3人称単数形に注意する。
⑥時制や単数・複数に注意する。

例題 次の日本文の英訳になるように，空所に適当な英語表現を書きなさい。

(1) 駅への行き方を教えてくれませんか。

Will you tell me _____ ?

(2) もし健康を維持（stay healthy）したいなら，君は運動（get exercise）をするべきだ。

If you want to stay healthy, you _____ .

(3) お金が一番大事だと考える人もいる。

Some _____ important.

● 練習問題 ●

1 次の日本文の英訳になるように，空所に適当な英語表現を書きなさい。

ヒント

□(1) あんな高い時計を買わなければよかったなあ。

I wish _____ .

1 (1)過去のことに関する願望は〈I wish I had＋過去分詞〉。

□(2) このバッグはまさに私が欲しかったものだ。

This bag _____ .

(2)「私が欲しかったもの」what I wanted

□(3) そう言ってくださって，ありがとうございます。

It's kind _____ .

(3)「そう言ってくれるなんてあなたは親切だ。」という文にする。

□(4) 彼女はとてもわがまま（selfish）なので，私は一緒に働けない。

She is so _____ .

(4)「とても～なので…」so＋形容詞＋that ...

□(5) 日本人のほとんどは英語を6年以上学んできている。

Most Japanese _____ .

(5)「これまで6年間にわたって勉強してきている」という「現在を基点とした長期にわたる経験」を意味しているため，現在完了を用いて表す。

25 会話表現

◆要点整理◆

■いろいろな会話表現

①：あいさつの会話表現の例
How are you?/How's everything (going)?「調子はいかが」，Have a good[nice] day.「ではまた」，What's up?「調子はどう」，Nice to meet you.「お会いできてうれしいです」，See you (later).「それではまた」，Please say hello to ～.「～によろしく」，What do you do?「お仕事は何ですか」

②：あいづち・聞き返しの会話表現の例
Couldn't be better.「最高だよ」，I wish I could.「できたらいいんだけど」，I'm afraid ...「申し上げにくいのですが」，That's too bad.「それは気の毒ね」，You mean ～?「～ということ？」，Pardon?「何とおっしゃいましたか」，Come on.「元気を出して」，Let's see.「えーと」，It depends on.「場合によります」，Never mind.「気にしないで」

③：提案・その他の会話表現の例
Take it easy.「気楽にね」，Take care.「お大事に」，Tell you what.「あのね。いい考えがある」，That's it.「その通り」，Thank you just the same.「とにかくありがとうございます」，No problem.「どういたしまして。お安い御用です」，That's a shame.「残念だね。お気の毒に」，What a relief!「ああ良かった」，Why don't you ～?「～したらどう」，Why not?「もちろんいいですよ」，What's wrong?「どうしたんですか」，How about ～?「～はいかがですか」，Please help yourself.「ご自由におとりください」，I'll call back later.「あとでかけ直します」，Speaking.「[電話で本人が出た場合]私です」

例題　次の日本文の意味に合うように（　　）に適する語を書きなさい。

(1) お元気ですか？　　（　　　　　　）are（　　　　　　）？

(2) ではまた。　　（　　　　　　）a（　　　　　　）day.

(3) どういたしまして。　　（　　　　　　）problem.

(4) どうしたんですか。　　（　　　　　　）wrong?

(5) ご自由におとりください。　　Please（　　　　　　）（　　　　　　）.

(6) 調子はどう？　　How's（　　　　　　）?

◆ 練習問題 ◆

☐1　（　　　　）内に適する語を入れて会話文を完成しなさい。

ヒント

☐(1) A : It's hot in this room.

　　 B : Why（　　　　　）（　　　　　　　）open the window?

　　 A : OK. I will.

1 (1) Why（ ）（ ）...?「～したらどうですか」

☐(2) A :（　　　　　　）do you（　　　　　　）?

　　 B : I'm an English teacher.

(2)「お仕事は何ですか」をWhat を含めて4語で表す。

☐(3) A : Could you call me a taxi?

　　 B : No（　　　　　　）.

(3)「お安い御用です。かしこまりました」

☐(4) A : Can I drink some juice?

　　 B : Yes,（　　　　　　）yourself.

(4)「ご自由にお飲みください」セルフサービス的な言い方。

☐(5) A : What's（　　　　　　）with you? You look pale.

　　 B : I have a headache.

　　 A : That's too bad.（　　　　　　）care.

(5)「どうかしたの？顔色悪いけど。」とたずねている。

★達成度確認テスト1

1 各組で下線部の発音が同じなら○を，異なるなら×を書きなさい。（各3点×3＝9点）

□(1)
　together
　there
（　　　　）

□(2)
　look
　wood
（　　　　）

□(3)
　needed
　watched
（　　　　）

2 次の日本文に合うように（　　　）内に適する語を書きなさい。（各3点×5＝15点）

□(1) 彼は去年からずっとアメリカに住んでいます。

　He has（　　　　　　　） in America since last year.

□(2) 彼女が英語を勉強することは大切です。

　It is important（　　　　　） her（　　　　　　） study English.

□(3) あなたは何冊の本を持っていますか。

　How many（　　　　　） do you have?

□(4) お年寄りには親切にしなさい。

　（　　　　　　　） kind to old people.

□(5) 公園で走っている少年は私のいとこです。

　The boy（　　　　　　） in the park is my cousin.

3 （　　　）内から適する語（句）を選び，○で囲みなさい。（各4点×5＝20点）

□(1) He（ is / was / did ）not washing his car last week.

□(2) （ May / Can / Shall ）I bring the newspaper? ― Yes, please.

□(3) She（ told / spoke / said ）me to take care of her son.

□(4) Bob finished（ to do / doing / done ）his homework just now.

□(5) I have a friend（ who / whom / whose ）lives in Osaka.

4 次の日本語を英語で書きなさい。（各1点×6＝6点）

□(1) 山　　　　　　（　　　　　　　　　）
□(2) おば　　　　　（　　　　　　　　　）
□(3) バスケットボール（　　　　　　　　　）
□(4) 水曜日　　　　（　　　　　　　　　）
□(5) おもしろい　　（　　　　　　　　　）
□(6) 黄色　　　　　（　　　　　　　　　）

5 日本文に合うように（　　　）内の語を並べかえて，英文を完成させなさい。（各5点×5＝25点）

☐(1) 彼は19歳になります。

（ years, be, he, old, will, nineteen ）.

☐(2) 彼がカバンに何を持っているかあなたは知っていますか。

（ in, has, bag, know, he, you, his, what, do ）?

☐(3) 寒すぎて私たちは泳げなかった。

（ us, for, swim, cold, was, too, to, it ）.

☐(4) 彼は7人の中で最も背が高い。

（ the, of, tallest, the, he, is, seven ）.

☐(5) だれがとても注意深く車を運転しますか。

（ car, very, drives, carefully, who, a ）?

6 次の英文を（　　　）内の指示に従って書きかえなさい。（各5点×5＝25点）

☐(1) He used the pencil. （受け身の文に）

☐(2) Kenji watched the baseball game on TV yesterday. （下線部をたずねる文に）

☐(3) This is a new car. （下線部を複数形に）

☐(4) Look at the boy. He is playing baseball over there. （関係代名詞を用いてひとつの文に）

☐(5) Mike has already eaten lunch. （否定文に）

★達成度確認テスト2

制限時間**50**分　得点　／100点

1 各組で下線部の発音が同じなら○を，異なるなら×を書きなさい。（各3点×3＝9点）

□(1)　great / bread　（　　　　）
□(2)　foot / would　（　　　　）
□(3)　watch<u>es</u> / go<u>es</u>　（　　　　）

2 次の日本文に合うように（　　）内に適する語を書きなさい。（各3点×5＝15点）

□(1)　あなたは明日とても忙しいでしょう。

　　　You（　　　　　　）be very busy tomorrow.

□(2)　彼女はみんなに愛されています。

　　　She（　　　　　）（　　　　　　）by everyone.

□(3)　兄は，野球をするために公園に行きました。

　　　My brother went to the park（　　　　　　）（　　　　　　）baseball.

□(4)　私は昨日，海で泳いで楽しかった。

　　　I enjoyed（　　　　　　）in the sea yesterday.

□(5)　父が帰宅したとき，私はテレビを見ていました。

　　　（　　　　　　）my father came home, I was（　　　　　　）TV.

3 （　　）内から適する語を選び，○で囲みなさい。（各4点×5＝20点）

□(1)　Was he（ run / running ）in the park then?

□(2)　Mr. Yamada（ goes / went ）to Tokyo last year.

□(3)　（ Shall / Will ）you open the window? ― Sure.

□(4)　The boy（ who / which ）is swimming in the pool is my brother.

□(5)　（ IIave / IIas ）you ever visited New York?

4 次の日本語を英語で書きなさい。（各1点×6＝6点）

□(1)　湖　　　　　　（　　　　　　　）
□(2)　おじ　　　　　（　　　　　　　）
□(3)　野球　　　　　（　　　　　　　）
□(4)　木曜日　　　　（　　　　　　　）
□(5)　重要な　　　　（　　　　　　　）
□(6)　青色　　　　　（　　　　　　　）

5 日本文に合うように（　　　）内の語（句）を並べかえ，全文で書きなさい。（各 5 点×5＝25 点）

☐(1) あなたはどの教科が好きですか。
（ subject, you, which, do, like ）?

☐(2) 私は彼女がどこに住んでいるか知りません。
（ I , she, lives, don't, where, know ）.

☐(3) 私たちはその少年をケンと呼んでいます。
（ the boy, we, Ken, call ）.

☐(4) これは私が昨日読んだ本です。
（ read, this, I, is, which, the book, yesterday ）.

☐(5) もし私が金持ちなら，その車を買えるのに。
（ I, rich, if, were ）, （ buy, could, I, the car ）.

6 次の英文を（　　　）内の指示に従って書きかえなさい。（各 5 点×5＝25 点）

☐(1) Playing tennis is a lot of fun. （It で始めてほぼ同じ意味の文に）

☐(2) Taro helped <u>the girl</u> yesterday. （下線部をたずねる文に）

☐(3) <u>Chinese</u> is more difficult than <u>English</u>. （＿＿と～～の語を入れかえてほぼ同じ意味の文に）

☐(4) The dog is Pochi. It is running in the park. （関係代名詞を用いてひとつの文に）

☐(5) I have something to do today. （否定文に）

★達成度確認テスト3

1 各組で下線部の発音が同じなら○を，異なるなら×を書きなさい。（各3点×3＝9点）

- (1)
  - w<u>o</u>man
  - b<u>oo</u>k
  - （　　　　　）
- (2)
  - lau<u>gh</u>
  - tau<u>gh</u>t
  - （　　　　　）
- (3)
  - s<u>ay</u>
  - s<u>ays</u>
  - （　　　　　）

2 次の日本文に合うように　　　内に適する語を書きなさい。（各3点×5＝15点）

(1) 私は去年から大阪に住んでいます。

I（　　　　　　　）lived in Osaka since last year.

(2) あなたは熱心に英語を勉強しなければならない。

You（　　　　　　　）study English hard.

(3) 図書館で本を読んでいる少女は私の妹です。

The girl（　　　　　　　）a book in the library is my sister.

(4) トムはケンより背が高い。

Tom is（　　　　　　　）（　　　　　　　）Ken.

(5) 私にはロンドンに住んでいるおじがいます。

I have an uncle（　　　　　　　）lives in London.

3 次の各組の文がほぼ同じ内容になるように，　　　内に適する語を書きなさい。

（各4点×5＝20点）

(1) This is my book.

This book（　　　　　）（　　　　　）.

(2) He plays baseball very well.

He is a very（　　　　　）baseball（　　　　　）.

(3) I will see him tomorrow.

I（　　　　　）going（　　　　　）see him tomorrow.

(4) Let's play tennis after school.

（　　　　）（　　　　　　　）play tennis after school?

(5) She cleans my room every day.

My room（　　　　　）（　　　　　）by her every day.

4 次の日本語を英語で書きなさい。（各1点×6＝6点）

(1) 9月　（　　　　　　　　　　　）

(2) 目　（　　　　　　　　　　　）

(3) フランス語　（　　　　　　　　　　　）

(4) 土曜日　（　　　　　　　　　　　）

(5) ときどき　（　　　　　　　　　　　）

(6) 人気のある　（　　　　　　　　　　　）

5 日本文に合うように（　　　）内の語（句）を並べかえ，全文で書きなさい。（各5点×5＝25点）

□(1) これは日本で作られた車です。
（ a car, this, made, is, Japan, in ）.

_____

□(2) ケンは3人の中で一番年上です。
（ is, Ken, the, the three, of, oldest ）.

_____

□(3) 私にその本をください。
（ book, please, me, give, the ）.

_____

□(4) 私はその時計を壊した少年を知っています。
（ the watch, I, who, the boy, know, broke ）.

_____

□(5) 彼女がいつ生まれたか，知っていますか。
（ born, you, know, do, she, when, was ）?

_____

6 次の英文を（　　　）内の指示に従って書きかえなさい。（各5点×5＝25点）

□(1) It is very hot today. （「〜ですね」という意味の付加疑問文に）

_____

□(2) They will play tennis after school. （下線部をたずねる文に）

_____

□(3) She works in the hospital. （文末にbeforeを付け加えて現在完了形の文に）

_____

□(4) The woman is Ms. Kato. She saw him yesterday. （関係代名詞を用いてひとつの文に）

_____

□(5) I finished to write the report. （下線部の誤りを正して）

_____

完全攻略 高校生の英単語・英熟語・英作文ワーク　解答・解説

1 be動詞・一般動詞

本冊 p.2〜p.3

例題 **答** (1)am　(2)reads　(3)lived

解説 (1)主語が I なので，「〜です」は am になる。(2)主語の She は 3 人称単数なので，「読みます」は reads になる。(3)last year「去年」が文末にあるので，過去形の文である。

● 練習問題 ●

p.2〜p.3

1 **答** (1)is　(2)likes　(3)are　(4)Were

解説 (1)主語が He なので，be 動詞は is になる。(2)現在の文において，主語が 3 人称単数（he, she, it, this bag など）のとき，一般動詞の語尾に s, es をつける。(3)主語が複数のとき，be 動詞は are になる。(4)過去の文において，主語が複数のとき，「いる，ある」の意味を表す Were を用いる。疑問文なので大文字ではじめる。

2 **答** (1)Is　(2)is　(3)studied　(4)have

解説 (1)「あなたのお母さんは今，家にいますか。」at home「家に」(2)「彼のテニスラケットはとても新しい。」(3)「彼女は昨日，英語を勉強しました。」過去形の作り方で，語尾が〈子音字＋y〉のとき，y を i にかえて ed をつける。(4)「私は手にペンを持っていません。」don't のあとは動詞の原形を置く。

◆アドバイス◆　否定文と疑問文
- be 動詞
  否定文：be 動詞のあとに not を置く。
  疑問文：be 動詞を文頭に置く。
- 一般動詞
  否定文：do(does), did＋not＋動詞の原形
  疑問文：Do(Does), Did＋主語＋動詞の原形〜？

3 **答** (1)イ　(2)ア　(3)ウ

解説 (1)「あなたは友だちにさよならを言いますか。」do で聞かれたら，do で答える。(2)「あなたのお姉さんは大学生ですか。」be 動詞でたずねられているので，答えるときも be 動詞で答える。(3)「あの少年はアメリカ出身ですか，それともカナダ出身ですか。」or を含む選択疑問文では Yes, No では答えない。

4 **答** (1) She teaches math at this school.
(2) Are those new bikes yours?
(3) It is not seven in the morning now.

解説 (1)〈主語，動詞，〜を〉の順番で並べかえる。(2)主語である「あれらの新しい自転車」は those new bikes で表す。(3)it は時刻，曜日，天候などを表し，「それは」と訳さない。

◆アドバイス◆　「それ」と訳さない it
It is ten o'clock.「10 時です。」【時刻】
It is Sunday.「日曜日です。」【曜日】
It is sunny today.「今日は晴れです。」【天候】
It is cold here.「ここは寒い。」【寒暖】

5 **答** (1)helped　(2)reads　(3)rained
(4)goes　(5)have　(6)gets

解説 (1)「私は昨日，お母さんを手伝いました。」yesterday があるので，過去形になる。(2)「彼女は毎日，本を読みます。」every day があるので，現在形になる。(3)「昨夜，大阪ではたくさん雨が降りました。」この It は天候を表す。rain は動詞で「雨が降る」の意味。(4)「地球は太陽のまわりを回っています。」go around 〜「〜のまわりを回る」(5)「ジェーンは日本に友だちがいますか。」(6)「私の母は毎朝，早く起きます。」get up early「早く起きる」

◆アドバイス◆　不規則動詞の過去形
過去形には規則動詞に加えて，不規則に形が変化する不規則動詞がある。　**例**　have➡had
go➡went, do➡did, make➡made
come➡came, get➡got, eat➡ate
buy➡bought, see➡saw, take➡took
write➡wrote, say➡said

2 進行形・未来を表す表現

本冊 p.4〜p.5

例題 **答** (1)watching (2)going (3)will

解説 (1)「見ているところです」は〈be 動詞＋動詞の ing 形〉で表す。watch の ing 形はそのまま ing をつける。(2)〈are going to＋動詞の原形〉で「〜するつもりです」の意味を表す。(3)〈will＋動詞の原形〉で「〜するでしょう」の意味を表す。

● 練習問題 ●　　　　　　　　p.4〜p.5

1 **答** (1)cooking（または making）(2)was (3)will

解説 (1)cook の ing 形はそのまま ing をつける。make の ing 形は e をとって ing をつける。(2)主語が 3 人称単数であることと，文末に then「そのとき」があることから考える。(3)1 語で未来を表すには will を用いる。

2 **答** (1)ウ (2)ア (3)ア (4)イ (5)イ

解説 (1)「カトウさんは今，ケンに手紙を書いているところですか。」「はい，そうです。」現在進行形の疑問文。(2)「あなたは明日，忙しいでしょうか。」「いいえ，忙しくありません。」will でたずねられたら will で答える。(3)「あなたは昨日，台所でお母さんを手伝っていましたか。」「いいえ，手伝っていませんでした。」(4)「あなたは今夜，宿題をするつもりですか。」「はい，するつもりです。」(5)「あなたは次の日曜日，どこを訪れるつもりですか。」「私は動物園を訪れるつもりです。」ウの選択肢は「私は公園へ行っているところです。」という現在進行形の文になり，質問の答えになっていない。

◆アドバイス◆　否定文と疑問文

● 進行形

　否定文：be 動詞のあとに not を置く。

　〈主語＋be 動詞＋not＋動詞の ing 形〉

　疑問文：be 動詞を文頭に置く。

　〈Be 動詞＋主語＋動詞の ing 形〜？〉

　➡be 動詞/be 動詞 not で答える。

● be 動詞＋going to＋動詞の原形

　否定文：be 動詞のあとに not を置く。

　〈主語＋be 動詞＋not＋going to＋動詞の原形〉

　疑問文：be 動詞を文頭に置く。

　〈Be 動詞＋主語＋going to＋動詞の原形

〜？〉

　➡be 動詞/be 動詞 not で答える。

● will＋動詞の原形

　否定文：will のあとに not を置く。

　〈主語＋will＋not＋動詞の原形〉will not の短縮形は won't。

　疑問文：will を文頭に置く。

　〈Will＋主語＋動詞の原形〜？〉

　➡will/will not で答える。

3 **答** (1) You were singing the song then.

(2) I will be twenty years old next month.

(3) They are not going to practice baseball.

(4) Is your sister listening to music in her room?

解説 (1)sing 〜「〜を歌う」は動詞で，song「歌」は名詞。(2)「〜歳になる」は〈will＋be＋〜years old〉で表す。(3)「〜しないでしょう」は否定文なので，are のあとに not を置く。(4)現在進行形の疑問文。Listen to music「音楽を聴く」

■チャレンジ問題

例 She is reading a book under the tree.

解説 質問文は「女の子は何をしているところですか。」最初の語は，the girl を置きかえた she になる。

3 現在完了・過去完了

例題 **答** (1)ウ (2)イ

解説 (1)現在完了の継続用法。〈have(has)＋過去分詞〉で表す。(2)現在完了の経験用法。three times は「3回」の意味。

● 練習問題 ●
p.6～p.7

1 **答** (1)used-used (2)studied-studied (3)had-had (4)made-made (5)ate-eaten (6)wrote-written

解説 (1)語尾が e で終わるときは d をつける。(2)語尾が〈子音字＋y〉のとき，y を i にかえて ed をつける。(3)～(6)は不規則動詞。

◆**アドバイス**◆ 現在・過去完了でよく用いられる語句

継続用法：for ～「～間」，since ～「～からずっと」，How long「どのくらいの間」

経験用法：before「以前」，once「一度」，twice「二度」，～ times「～度」，ever「今までに」，never「今までに～ない」，How often (How many times)「何度」，have been to ～「～へ行ったことがある」

完了・結果用法：already「すでに，もう」，yet「(疑問文で) もう (否定文で) まだ」，just「ちょうど」，have gone to ～「～へ行ってしまった (今ここにいない)」

2 **答** (1)have, cleaned (2)Have, you (3)has, been (4)had, lived (5)had, already

解説 (1)現在完了の完了・結果用法。already「すでに」の前は have を，あとには過去分詞をそれぞれ置く。(2)現在完了の経験用法の疑問文。have を文頭に置く。(3)現在完了の継続用法。主語が3人称単数 It なので，have ではなく has を用いる。be動詞の過去分詞 been を続ける。It は天候を表し，「それ」とは訳さない。(4)「私が生まれた」ときの話なので，過去完了で表す。(5)過去完了の完了・結果の文。「すでに」は already を用いる。

◆**アドバイス**◆ 否定文と疑問文

否定文：〈have(has), had＋not＋過去分詞〉
経験用法は not の代わりに never を用いる。

疑問文：〈Have (Has), Had＋主語＋過去分詞
～？〉経験用法は過去分詞の前に ever を置く。

◆**アドバイス**◆ 短縮形

主語＋have(has), had の短縮形：I have＝I've, you have＝you've, he has＝he's, she has＝she's, you had＝you'd

have(has), had＋not の短縮形：have not＝haven't, has not＝hasn't, had not＝hadn't

3 **答** (1) He has read this book before.

(2) My father has been busy since yesterday.

(3) Have you eaten lunch yet?

(4) Bob has never played volleyball.

(5) I had heard from Mary once before I met her.

(6) This girl had stayed in France until then.

解説 (1)現在完了の経験用法。read は [red] と発音する。(2)「昨日からずっと」は since yesterday で表す。(3)yet「もう」は文末に置く。(4)現在完了の経験用法。never「今までに～ない」は，have と過去分詞の間に置く。(5)「メアリーに出会う前」の話なので，過去完了〈had＋過去分詞〉で表す。(6)「滞在する」は stay で，過去分詞は stayed。

本冊 p.8〜p.9

例題 **答** (1)You, must　(2)should, help
(3)May(Can), I

解説 (1)「〜しなければならない」は must で表す。
(2)「〜すべき」は should で表す。(3)「〜してもよい
ですか」は May I 〜? で表す。may の代わりに can
を用いて，Can I 〜? で表すこともできる。

● 練 習 問 題 ●　　　　　　　　p.8〜p.9

1 **答** (1)can, swim　(2)may, be　(3)Will, you
(4)Shall, we　(5)must, not

解説 (1)「〜することができます」は can で表す。
(2)「〜かもしれません」は，may で表す。あとの動
詞の原形は be になることに注意する。(3)「〜して
くれませんか」は Will you 〜? で表す。(4)「一緒に
〜しませんか」は Shall we 〜? で表す。(5)「〜して
はいけません」は must not で表す。

2 **答** (1)　She can drive a car.
(2)　It may not snow tonight.
(3)　Must I go to the hospital now?

解説 (1)「彼女は車を運転することができます。」
can のあとは動詞の原形。(2)「今夜は雪が降らない
かもしれません。」(3)「今，病院へ行かなければな
りませんか。」

┌─◆アドバイス◆　助動詞の否定文と疑問文─┐

否定文：助動詞のあとに not を置く。
〈助動詞＋not＋動詞の原形〉
＊短縮形は will not＝won't［wóunt］，must not
　＝mustn't［mʌ́snt］（最初の t は発音しな
　い），should not＝shouldn't，can の否定は
　can't か cannot で表す。may not の短縮形は
　ない。
疑問文：助動詞を文頭に置く。
〈助動詞＋主語＋動詞の原形〜？〉

└──────────────────────┘

3 **答** (1)have, to　(2)Will, you　(3)Shall, we
(4)is, able

解説 (1)「あなたは明日までに宿題を終わらせなけ
ればなりません。」must は have to で書きかえる。
(2)「韓国への旅行について教えてください。」Please
〜は Will you 〜? で書きかえる。(3)「次の土曜日，
海へ泳ぎに行きましょう。」Let's 〜は Shall we 〜?
で書きかえる。(4)「彼女は速く泳ぐことができま
す。」主語が She なので can は is able to で書きかえ
る。

4 **答** (1)　May I eat this bread?
(2)　You must come home before it gets dark.
(3)　You don't have to take your umbrella with
　　you.
(4)　Shall I shut the door?

解説 (1)疑問文なので助動詞 may を文頭に置く。
(2)「〜しなければなりません」は must で表す。(3)
「〜する必要はありません」は don't have to 〜で表
す。(4)「私が〜しましょうか」は Shall I 〜? で表す。

┌─◆アドバイス◆　さまざま助動詞──┐

would：熟語表現をおさえる。Would you 〜?
「〜していただけませんか」，would like to 〜
「〜したい」，would often 〜「よく〜したもの
だ」
used to 〜：① 「よく〜したものだ」②「以前は
〜だった」
ought to 〜：should 〜とほぼ同じ意味。
had better 〜：「〜したほうがよい」
need 〜：「〜する必要がある」（否定文と疑問文
で用いる）
might：may の遠回しな表現。

└──────────────────────┘

1 答 (1)knows (2)uses (3)teaches
(4)studies (5)plays (6)has

解説 (6)have は以下のルールに該当しないので注意。ちなみに，has は ha(ve)s の省略表現。

◆アドバイス◆ s, es のつけ方
①基本は s をつける。know➡knows
②語尾が s, sh, ch, x, o のときは es をつける。watch➡watches
③語尾が〈子音字＋y〉のとき，y を i にかえて es をつける。study➡studies

2 答 (1)looking (2)closing (3)writing
(4)stopping (5)sitting (6)dying

解説 (6)die, lie, tie の3つは，ie を y に変えて，dying, lying, tying になる。

◆アドバイス◆ 動詞の ing 形の作り方
①基本はそのまま ing をつける。go➡going
②語尾が e で終わるときは，e をとって ing をつける。use➡using
③語尾が〈短母音＋子音字〉のときは，子音字を重ねて ing をつける。run➡running
④語尾が ie で終わるときは，ie を y にかえて ing をつける。lie➡lying

3 答 (1)lived, lived (2)liked, liked
(3)cried, cried (4)dropped, dropped
(5)came, come (6)took, taken

解説 (5)(6)不規則動詞はそのままおぼえる。

4 答 (1)am (2)drinks (3)doing (4)cutting
(5)going (6)will (7)never (8)had (9)must
(10)may

解説 (1)現在形の文。(2)一般動詞 drink を用いる。主語が3人称単数なので，drinks になる。(3)現在進行形の文。(4)過去進行形の文。(5)未来の文。〈be 動詞＋going to 〜〉で表す。(6)未来の文。will 〜で表す。(7)現在完了の経験用法。〈have＋過去分詞〉で表す。(8)「私が起きたとき」の話なので，過去完了〈had＋過去分詞〉で表す。(9)「〜しなければならない」は must 〜で表す。(10)「〜かもしれません」は may 〜で表す。

5 答 (1)swimming (2)flies (3)Is (4)Shall
(5)has

解説 (1)「あなたは昨日，プールで泳いでいましたか。」過去進行形の文。(2)「山本さんは毎年，中国へ飛行機で行きます。」every year があるので，現在形の文。(3)「彼女は今晩，絵を描くでしょうか。」(4)「駅の近くの新しい本屋に行きましょうか。」「はい，そうしましょう。」Yes, let's. と答えていることから，質問文は「〜しましょうか」と Shall we 〜? を用いて表す。(5)「彼女は1週間病気で寝ています。」現在完了の継続用法。〈have＋過去分詞〉で表す。

6 答 (1)must, not (2)going, to (3)has, been

解説 (1)「その箱を触ってはいけません。」Don't 〜は You must not 〜で書きかえる。(2)「ケンは明日メアリーに会うつもりです。」will 〜は〈be 動詞＋going to 〜〉で書きかえる。(3)「ボブは今朝，忙しかった。彼は今，まだ忙しい。」は「ボブは今朝からずっと忙しい。」とほぼ同じ意味。現在完了の継続用法。〈have(has)＋過去分詞〉で表す。

7 答 (1) This dictionary is mine.
(2) I was listening to music twenty minutes ago.
(3) Must I finish the homework by tomorrow?
(4) Will you tell me the way to the post office?
(5) She has never taken a ship.

解説 (1)「私のもの（名詞）」は mine（名詞）で表す。(2)「聴いていました」は過去進行形〈was＋動詞の ing 形〉で表す。(3)「〜しなければいけません」は must で表す。疑問文なので文頭に must を置く。(4)「〜してくれませんか」は Will you 〜? で表す。(5)現在完了の経験用法。〈have＋過去分詞〉で表す。

5 受け身

本冊 p.12〜p.13

例題 **答** (1)is, read　(2)surprised, at

解説　「〜される，されている」は〈be 動詞＋過去分詞〉で，「〜に，〜によって」は by 〜で表す。be 動詞は主語と時制に注意して選ぶ。

◆**アドバイス**◆　原形・過去形・過去分詞形
①規則動詞の例
like-liked-liked　open-opened-opened
use-used-used　study-studied-studied
②不規則動詞の例
begin-began-begun　buy-bought-bought
break-broke-broken　build-built-built
know-knew-known　make-made-made
read-read-read　see-saw-seen
speak-spoke-spoken　take-took-taken
write-wrote-written

● **練習問題** ●　p.12〜p.13

1 **答** (1)was, broken　(2)isn't, spoken
(3)taken, by　(4)is, cleaned

解説　(1)「割られました」は過去の文なので was broken で表す。(2)否定文は be 動詞のあとに not を置く。(3)「〜によって」は by 〜で表す。(4)現在形の受け身の文なので〈be 動詞＋過去分詞〉で表す。

◆**アドバイス**◆　受け身の否定文と疑問文
否定文：be 動詞のあとに not を置く。
〈be 動詞＋not＋過去分詞〉
疑問文：be 動詞を文頭に置く。
〈be 動詞＋主語＋動詞の原形〜？〉

◆**アドバイス**◆　その他の受け身表現
be pleased with 〜「〜に喜ぶ」
be crowded with 〜「〜で混んでいる」
be satisfied with 〜「〜に満足する」
be injured「ケガをする」

2 **答** (1)　This letter was not read by my mother.
(2)　Is the window opened by Ken?
(3)　This dress is made by Kumi.

解説　(1)「この手紙は母によって読まれませんでした。」(2)「その窓はケンによって開けられますか。」(3)「このドレスはクミによって作られます。」Kumi は by をともなって文末に，makes は〈be 動詞＋過去分詞〉に，this dress は文頭に置く。

3 **答** (1)is, liked　(2)known, to　(3)was, built

解説　(1)「私のクラスのどの生徒もその犬が好きです。」「その犬は私のクラスのどの生徒によっても好かれています。」(2)「彼女は彼の名前を知っています。」「彼の名前は彼女に知られています。」「〜に知られている」は be known to 〜で，by を用いないことに注意する。(3)「あの教会は創立 50 年です。」は「あの教会は 50 年前に建てられました。」と考える。「建てる」は build で過去分詞は built である。

4 **答** (1)　Stars are seen at night.
(2)　Is this place visited by many children?
(3)　I was born on December 1.
(4)　That mountain was covered with snow.

解説　(1)「見られます」は are seen で表す。(2)「訪れられますか」は is visited で表す。疑問文なので is を文頭に置く。(3)「生まれた」は was born で表す。(4)「〜でおおわれていました」は was covered with 〜で表す。

6 不定詞

本冊 p.14〜p.15

例題 答 (1)to, see(meet) (2)him, to

解説 (1)「会うために」は副詞的用法（動作の目的）。to see(meet) で表す。(2)「一が〜することは…だ」は It is ... for 一 to 〜で表す。

● 練習問題 ●　　　　　　　p.14〜p.15

1 答 (1) この本は難しすぎて，私は読めません。

(2) 私はあなたにここに来てもらいたい。

解説 (1)too 形容詞 for 一 to 〜は「とても…なので一は〜できない」と訳す。(2)want 一 to 〜は「一に〜してもらいたい」と訳す。

2 答 (1)to eat (2)to drink (3)to study (4)to be (5)how to drive

解説 (1)「彼女は空港へ行く前に昼食を食べたい。」「〜したい」は，want to 〜で表す。(2)「私に何か冷たい飲み物をください。」形容詞的用法の文。(3)「彼が毎日英語を勉強することはとても重要です。」(4)「彼はクミに静かにするように言いました。」「一に〜するよう言う」は tell 一 to 〜で表す。(5)「私のおばは私に運転の仕方を教えてくれました。」「どのように〜すべきか，〜の仕方」は how to 〜で表す。

3 答 (1)like, to (2)to, visit (3)order, to (4)when, to

解説 (1)「〜することが好きです」は like to 〜で表す。(2)「訪れる機会」は「訪れるための機会」と考え，to visit で表す。(3)副詞的用法（動作の目的）の文である。He is studying English hard to go abroad. で表せるが，hard のあとに in があるので，in order to を用いて He is studying English hard in order to go abroad. で表す。

4 答 (1) I was surprised to hear the news.

(2) I want to know how to open the secret box.

解説 (1)「驚いた」は was surprised で表す。(2)名詞的用法 want to 〜と how to 〜を含んだ文。to が2つ登場するので注意する。

■チャレンジ問題

例 (I went to the park) to play soccer.

(I went to the park) and played soccer.

解説 お母さんは「なぜ公園へ行ったの。」と聞いているので，「サッカーをするためだよ。」という意味

で答える。

◆アドバイス◆　3用法の応用

形容詞的用法：前置詞がつくもの

a house to live in 「住む家」

a chair to sit on 「座るイス」

a friend to play with 「一緒に遊ぶ友だち」

副詞的用法：判断の根拠

He is stupid to say so. 「彼はそう言うなんておろかだ。」判断した根拠を不定詞を用いて表す。「〜なんて」と訳す。

副詞的用法：結果

He grew up to be a professional baseball player. 「彼は成長してプロの野球選手になった。」何かをしたあと，どういう結果になったのか不定詞を用いて表す。この文では grew up 「成長した」結果，a professional baseball player 「プロの野球選手」になったのである。

◆アドバイス◆　不定詞のその他の構文

〈It is ... of 一 to 〜〉「一が〜するとは…だ」

〈It is kind of you to help me.〉「あなたが私を手伝ってくれるとは親切だ。」

〈形容詞 / 副詞 enough for 一 to 〜〉「十分…なので一は〜」例）This book is easy enough for me to read. 「この本は十分やさしいので私は読むことができます。」

7

7 分詞

例題 **答** (1)running (2)stolen (3)boy, running

解説 (1)「〜している」は現在分詞で表す。(2)「〜される，された」は過去分詞で表す。(3)分詞 running「走っている」と関連語句 in the park「公園で」が合わさって a boy「少年」を修飾している場合，分詞は名詞のあとに置く。

● 練 習 問 題 ●

p.16〜p.17

1 **答** (1)flying (2)written (3)known (4)skating

解説 (1)「飛んでいる鳥を見なさい。」「飛んでいる」は現在分詞 flying で表す。(2)「英語で書かれた手紙は彼女のものです。」「書かれている」は過去分詞 written で表す。(3)「私は世界中で知られている作家に出会った。」「知られている」は過去分詞 known で表す。(4)「池でスケートをしている少年はボブです。」「スケートをしている」は現在分詞 skating で表す。

2 **答** (1)playing (2)broken (3)waiting

解説 (1)「〜している」は現在分詞で表す。(2)「割れた」は「割られた」と考えて，過去分詞で表す。(3)「彼女を待たせておく」は，「彼女が待っている状態にしておく」，と考え，keep her waiting で表す。

3 **答** (1) ベッドで眠っている赤ちゃんを見なさい。

(2) 50 年前に描かれたその絵は高価です。

(3) これは川でとられた魚です。

(4) 彼らはその事故を見て驚いているようだった。

解説 (1)sleeping「眠っている」以下が the baby を修飾している。(2)drawn fifty years ago が The picture を修飾している。また，この The picture drawn fifty years ago が主部になっており，「〜絵は…」と訳す。(3)caught は catch の過去分詞形で「とられた」と訳す。(4)look surprised で「驚いているように見える」の意味。

4 **答** (1) Look at the burning tree.

(2) This is a desk made in Japan.

(3) Is the boy singing over there Ken?

(4) The building seen from here is my school.

(5) He looked interested in Japanese history.

(6) Please keep the door locked.

解説 (1)burning「燃えている」が単独で the tree を修飾しているので，burning は tree の前に置く。(2)「日本製の机」は「日本で作られた机」と考え，a desk made in Japan で表す。(3)singing over there「向こうで歌っている」が the boy「少年」を修飾しているので，singing 以下を the boy のあとに置いて，the boy singing over there で表す。(4)「ここから見える」は「ここから見られる」と考え，seen from here で表す。(5)look interested in 〜で「〜に興味を持っているように見える」の意味。(6)「ドアのカギをかけておいて」は「ドアをカギがかけられた状態にしておく」と考え，keep the door locked で表す。

◆**アドバイス**◆ その他の分詞表現

boiled egg「ゆで卵」

rising sun「朝日」

used car「中古車」

fallen leaves「落ち葉」

come 〜ing「〜しながら来る」

stand 〜ing「〜しながら立っている」

leave ... 現在分詞「…を〜している状態に放っておく」

leave ... 過去分詞「…を〜された状態に放っておく」

find ... 現在分詞「…が〜しているのがわかる」

find ... 過去分詞「…が〜されたのがわかる」

8 動名詞

例題 **答** (1)cooking (2)without, saying

解説 (1)「〜すること」は動詞の ing 形で表す。(2)「〜しないで」は without 〜ing で表す。

● 練習問題 ●
p.18〜p.19

1 **答** (1)climbing (2)taking (3)before

解説 (1)「〜すること」は動詞の ing 形で表す。(2)take の ing 形は taking である。(3)「〜する前に」は before 〜ing で表す。

2 **答** (1)at (2)after (3)to

解説 (1)「私の父は野球をすることが上手です。」be good at 〜ing で「〜が上手である」の意味を表す。(2)「彼女は宿題を終えたあとで，寝ました。」前後の内容から考える。after 〜ing で「〜したあとで」の意味を表す。(3)「私の祖母はあなたに会うことを楽しみにしています。」look forward to 〜ing で「〜するのを楽しみにする」の意味を表す。

3 **答** (1)riding (2)to visit (3)writing (4)to go

解説 (1)「彼らは自転車に乗ることを楽しみました。」enjoy は〜ing のみ目的語にとる。(2)「私は古いお寺を訪れたい。」want は to 〜を目的語にとる。(3)「クミはいとこに手紙を書き終えました。」finish は〜ing のみ目的語にとる。(4)「突然，彼は買い物に行くことに決めました。」decide は to 〜のみ目的語にとる。

◆アドバイス◆ 動名詞と不定詞の発展
 ①〜ing のみ目的語にとる動詞：enjoy, keep, finish 以外に mind「気にする」, practice「練習する」, give up「あきらめる」などがある。
 ②to 〜のみ目的語にとる動詞：wish「期待する」, hope, decide 以外に expect, promise「約束する」, manage「なんとか〜する」などがある。
 ③ともに目的語にとる動詞：like, start, begin 以外に love「大好き」, hate「嫌う」, continue「続ける」などがある。
 ④ともに目的語にとるが，動名詞と不定詞では意味が異なる動詞：
 remember 〜ing「〜したことを覚えている」
      to 〜「〜することを覚えている」

      「忘れずに〜する」
 forget 〜ing「〜したことを忘れる」
      to 〜 「〜することを忘れる」
 try 〜ing「試しに〜してみる」
      to 〜 「〜しようとする」

◆アドバイス◆ その他の重要表現
 stop 〜ing「〜することをやめる」
      to 〜 「〜するために立ち止まる」※不定詞の副詞的用法
 feel like 〜ing「〜したい気がする」
 cannot help 〜ing「〜せざるをえない」
 be used to 〜ing「〜するのに慣れている」
 prevent(stop / keep) … from 〜ing「…が〜するのを妨げる」

4 **答** (1) Learning German is not easy.
(2) He stopped talking and began to cry.
(3) How about taking medicine?
(4) I am interested in doing volunteer work.

解説 (1)「ドイツ語を学習することは」が主語。Learning を文頭に置く。(2)「話をすることをやめて」は stop talking で表す。(3)「飲んだらどうですか」は How about taking で表す。(4)「することに興味を持っている」は be interested in doing で表す。

■チャレンジ問題

例 (Hello. My name is) Takuya. (My hobby is) playing tennis.

解説 趣味を説明する問題。playing tennis「テニスをすること」や taking pictures「写真を撮ること」といったように動名詞を用いて答えてみよう。

1 答　(1)playing　(2)driving　(3)taking
(4)using　(5)sitting　(6)running　(7)swimming
(8)visiting

解説　(1)そのまま ing をつける。(2)〜(4)語尾が e で終わるときは，e をとって ing をつける。(5)〜(7)語尾が〈短母音＋子音字〉のときは，子音字を重ねて ing をつける。(8)そのまま ing をつける。

2 答　(1)cooked　(2)studied　(3)invited
(4)given　(5)taught　(6)done　(7)spoken　(8)cut

解説　(1)そのまま ed をつける。(2)語尾が〈子音字＋y〉のとき，y を i にかえて ed をつける。(3)語尾が e で終わるときは d をつける。(4)〜(8)不規則動詞。

3 答　(1)is, read　(2)is, liked
(3)aren't, written　(4)like, to　(5)to, buy　(6)for, to
(7)running　(8)built　(9)Making
(10)enjoyed, watching　(11)like, studying

解説　(1)〜(3)「〜される，されている」は受け身〈be動詞＋過去分詞〉で表す。(4)「〜すること」は動名詞〜ing か不定詞 to〜で表す。この問題ではあとに動詞の原形 solve が続くので，不定詞を用いる。(5)「〜するために」は不定詞の副詞的用法で表す。(6)「一が〜することは…だ」は It is ... for 一 to 〜で表す。(7)現在分詞「〜している」の形容詞的用法。(8)過去分詞「〜される，された」の形容詞的用法。(9)「〜すること」は動名詞〜ing で表す。(10)「〜見て楽しみました」は「〜見ることを楽しみました」と考え，動名詞を用いて enjoyed watching で表す。(11)「〜する気がしない」は don't feel like 〜ing で表す。

4 答　(1)closed　(2)to, collect　(3)making
(4)swimming　(5)made

解説　(1)「その店は毎日7時に閉店します。」主語が「その店」である受け身の文。「閉店します」は is closed で表す。(2)「私のおじは古い硬貨を集めることが好きです。」不定詞の名詞的用法。(3)「彼女はスピーチをし終えました。」finish は〜ing のみ目的語にとる。(4)「あの泳いでいる少年はタクヤです。」現在分詞「〜している」の形容詞的用法。(5)「これは日本で作られた車です。」過去分詞「〜される，された」の形容詞的用法。

5 答　(1)　Osaka is loved by the foreigners.
(2)　The language spoken in Australia is English.
(3)　彼女は泳ぐことが上手です。
(4)　そのお茶は熱すぎて私は飲めません。

解説　(1)Osaka を主語にし，〈be 動詞＋過去分詞＋by 〜〉で受け身の文にする。the foreigners「外国人たち」(2)spoken in Australia「オーストラリアで話されている」が The language を修飾している。spoken 以下を The language のあとに置いて表す。(3)be good at 〜ing は「〜が上手である」の意味を表す。(4)too 形容詞 for 一 to 〜は「とても…なので一は〜できない」の意味を表す。

6 答　(1)　That concert hall is used by a lot of people.
(2)　I have no time to go there.
(3)　He didn't know what to do.
(4)　The girl dancing over there is a student of mine.

解説　(1)「〜される，されている」は〈be 動詞＋過去分詞〉で表す。(2)「そこへ行く時間」は「そこへ行くための時間」と考え，不定詞の形容詞的用法で表す。(3)「何を〜すべきか」は what to 〜で表す。(4)dancing over there が The girl を修飾している。

◆アドバイス◆　動詞の ing 形
動詞の ing 形にはさまざまな働きがある。
①進行形「〜しているところです」：He is running in the park.（彼は公園で走っているところです。）
②動名詞「〜すること」：Running is important.（走ることは大切です。）
③分詞の形容詞的用法「〜している」：Look at the boy running with the dog.（犬と走っている少年を見なさい。）

9 接続詞・冠詞・前置詞

本冊 p.22～p.23

例題 **答** (1)the (2)on

解説 (1)moon「月」の前は the を置く。(2)曜日につく前置詞は on になる。

● 練習問題 ●
p.22～p.23

1 **答** (1)but (2)because (3)While (4)that (5)the (6)at (7)in (8)on

解説 (1)「私はお金持ちですが，幸せではありません。」前後の文は逆接の関係になっている。(2)「ボブはとてもやさしくて正直なので，彼女は彼が好きです。」because ～は「～なので」の意味。(3)「彼はアメリカにいる間，英語を学習しました。」While ～は「～間」の意味。(4)「私は彼女が正直だということを知っています。」(5)「お年寄りには親切にしなさい。」the old「お年寄り」(6)「私はたいてい7時に起きます。」時刻につく前置詞は at になる。(7)「私たちは冬に長野へスキーをしに行きます。」季節につく前置詞は in になる。(8)「壁に絵がかかっています。」on は接触を表す。「壁に絵が接触している」，つまり「壁に絵がかかっている」という意味。

2 **答** (1)when (2)if (3)that (4)on (5)a (6)by

解説 (1)「～とき」は when で表す。(2)「もし～」は if で表す。(3)that「～ということ」を hope のあとに置く。(4)特定の日付の前は on で表す。(5)「～につき」は a で表す。(6)「～のそばで」は by で表す。

3 **答** (1) I went out though it was raining.
(2) Bob and Mary were in the same class last year.
(3) I always get up late on Sunday mornings.
(4) The woman standing in front of the garden is a popular artist.

解説 (1)went out で「外出した」の意味を表す。(2)same「同じ」の前には the をつける。(3)「朝は」は in を用いて in the morning で表すが，特定の「朝」には in ではなく，on を用いる。「日曜日の朝は」は on を用いて on Sunday mornings で表す。

◆アドバイス◆ その他の接続詞

as ～「～なので」,「～のとき」,「～するにつれて」

as soon as ～「～するとすぐに」

◆アドバイス◆ その他の前置詞

around ～「～のまわり」

across ～「～を横切って」

along ～「～に沿って」

through ～「～を通って」

into ～「～の中へ」

out of ～「～から外へ」

over ～「～の上に」

about ～「～について」

by ～「～までには」

during ～「～の間」

in ～「～たてば」

without ～「～なしで」

10 関係詞

本冊 p.24〜p.25

例題 答 (1)who(that) (2)which(that)
(3)whose (4)where (5)how

解説 (1)あとに動詞が続き，先行詞が「人」なので，主格の関係代名詞 who か that で表す。(2)あとに動詞が続き，先行詞が「もの」なので，主格の関係代名詞 which か that で表す。(3)所有格の関係代名詞。(4)関係副詞。場所を表す where を用いる。(5)関係副詞。方法を表す how を用いる。

練習問題
p.24〜p.25

1 答 (1)who (2)which (3)whose (4)whose
(5)which (6)where (7)when (8)why (9)how

解説 (1)「私には韓国に住んでいる友だちがいます。」あとに動詞が続き，先行詞が「人」なので，主格の関係代名詞 who で表す。(2)「彼女が書いた物語はおもしろい。」あとに主語，動詞が続き，先行詞が「もの」なので，目的格の関係代名詞 which で表す。(3)「髪が長いあの少女はクミです。」あとに名詞が続くので，所有格の関係代名詞 whose で表す。(4)「京都は歴史がとても長い都市です。」あとに名詞が続くので，所有格の関係代名詞 whose で表す。(5)「彼は日本製の車を持っています。」あとに動詞が続き，先行詞が「もの」なので，主格の関係代名詞 which で表す。(6)「これは私たちが去年滞在したホテルです。」関係副詞。場所を表す where を用いる。(7)「私は彼に最初に会った日を忘れました。」関係副詞。時を表す when を用いる。(8)「こういうわけでタロウはハナコと結婚しました。」関係副詞。理由を表す why を用いる。(9)「あなたがその問題を解いた方法を教えなさい。」関係副詞。方法を表す how を用いる。

2 答 (1) The village which(that) I visited last year is far from here.

(2) Do you know the smart phone whose color is blue?

解説 (1)あとの文の it が The village を表す。it を which にして which I visited last year を The village の直後に置いて表す。(2)あとの文の Its が the smart phone を表す。Its を whose にして whose color is blue を the smart phone の直後に置いて表す。

3 答 (1) Is this the watch which you lost?

(2) He has a daughter who became a scientist.

解説 (1)「あなたがなくした」が「腕時計」にかかる。はじめに「腕時計」を置き，あとに「あなたがなくした」を続ける。目的格の関係代名詞で表す。(2)主格の関係代名詞。

■チャレンジ問題

(例1) I have a friend who can speak English well.

(例2) I have a friend who is very good at speaking English.

解説

下線部の前後から，「英語を上手に話すことができる友だちがいる」といった内容を書く。

〈全訳〉

クミ：私は上手に英語を話したいの。

ケンジ：なるほど。僕には（例1　英語を上手に話すことができる，例2　英語を話すことがとても上手な）友だちがいるんだ。

クミ：私をあなたの友だちに紹介してくれない？

ケンジ：いいよ。

11 比較

例題 **答** (1)older, than (2)fastest, of (3)as, as
(4)soon, as

解説 (1)「A は B よりも～」は A ～er than B で表す。(2)「A は…の中で一番～」は A the ～est of
(in) ... で表す。「～の中で」は，the three の前なの
で of になる。(3)「A は B と同じくらい～」は，A as
～ as B で表す。(4)「できるだけ～」は as ～ as
possible で表す。

● 練習問題 ●

p.26～p.27

1 **答** (1)newest (2)pretty (3)better (4)fast
(5)colder

解説 (1)「この本は 5 冊の中で最も新しいです。」最
上級の文。(2)「この人形はあの人形と同じくらいか
わいいです。」原級の文。(3)「私はオレンジよりもリ
ンゴのほうが好きです。」「B よりも A のほうが好
き」は like A better than B で表す。(4)「できるだけ
速く走りなさい。」(5)「だんだん寒くなっています。」
「だんだん～」は～er and ～er で表す。

2 **答** (1)three, times (2)as, as (3)more, than
(4)as, possible (5)better, than

解説 (1)原級の文。「A は B の～倍…」は A ～
times as ... as B で表す。(2)原級の文。「A は B と同
じくらい～」は A as ～ as B で表す。(3)比較級の
文。difficult はつづりが長い語で，er の代わりに
more を用いて表す。(4)「できるだけ～」は as ～ as
possible で表す。(5)「B よりも A のほうが好き」は
like A better than B で表す。

◆**アドバイス**◆　「～倍」

「A は B の～倍…」：A ～ times as ... as B で表
すが「2 倍」は twice で「半分」は half で表す。
「彼の犬は私の犬の 2 倍の大きさです。」
＝His dog is **twice as** big as mine.
「彼の犬は私の犬の半分の大きさです。」
＝His dog is **half as** big as mine.

3 **答** (1) This mountain is higher than that
one.

(2) She is kinder than any other girl in her class.

(3) My father drives as carefully as my mother.

(4) This is the most expensive watch of the three.

解説 (1)比較級の文。「あの山」は that one で表す。
この one は同種類のものを指す。(2)「A は他のどの
…よりも～」は A ～er than any other 単数名詞で表
す。(3)原級の文。「A は B と同じくらい～」は，A
as ～ as B で表す。(4)最上級の文。「A は…の中で
一番～」は，A the ～est of ... で表す。

◆**アドバイス**◆　その他の表現

the 比較級 ～, the 比較級 ... :「～すればするほ
ど，ますます…」
「彼女は年をとればとるほど，ますます人気に
なりました。」
＝The older **she grew**, the **more popular** she
became.

◆**アドバイス**◆　書きかえ

比較級，最上級，原級の文を用いて以下のよう
に書きかえることができる。

比較級
　Bob is taller than Kumi.
　「ボブはクミよりも背が高いです。」
＝原級の否定文
　Kumi is not as tall as Bob.
　「クミはボブほど背が高くないです。」
＝副詞を反対の意味にかえた比較級
　Kumi is shorter than Bob.
　「クミはボブよりも背が低いです。」

最上級
　Mt. Fuji is the highest mountain in Japan.
　「富士山は日本で一番高い山です。」
＝比較級
　Mt. Fuji is higher than any other mountain
in Japan.
　「富士山は日本の他のどの山よりも高いで
す。」

◆**アドバイス**◆　比較級・最上級の不規則変化

good-better-best「良い」
well-better-best「上手に，良く」
many-more-most「多数の」
much-more-most「多量の」
bad-worse-worst「悪い」
ill-worse-worst「病気で，悪い」
little-less-least「小さい，少量の」

12 文型

本冊 p.28〜p.29

例題 答 (1)オ (2)ア (3)イ (4)ウ (5)エ

解説 (1)「突然，彼はここに来ました。」「彼は明日そこへ行くでしょう。」第１文型の文。(2)「そのピアニストは悲しく見えました。」「彼らは幸せです。」第２文型の文。(3)「タロウはウサギを飼っています。」「私は犬が好きです。」第３文型の文。(4)「私は母に花をあげました。」「彼は私に傘を貸してくれました。」第４文型の文。(5)「彼らは彼らの犬をジョンと名づけました。」「その男性は私を科学者にしてくれました。」第５文型の文。

● 練習問題 ●

p.28〜p.29

1 答 (1)looks, old (2)gave (3)turn (4)rained (5)made, her

解説 (1)第２文型の文。「〜に見える」は look で表す。(2)第４文型の文。「人にものをあげる」は give O（人）O（もの）で表す。(3)第２文型の文。「〜になる，〜にかわる」は turn で表す。(4)第１文型の文。「雨が降る」は，動詞 rain で表す。(5)第５文型の文。「O を C にする」は make OC で表す。

2 答 (1)There, is (2)to, me (3)for, me

解説 (1)「この町には教会があります。」第３文型から第１文型への書きかえ。There is(are) 〜で「〜がある」の意味を表す。(2)「彼女は時計を私にくれました。」第４文型から第３文型への書きかえ。動詞が give なので，前置詞は to をとる。(3)「母は昨夜，カレーを私に作ってくれました。」第４文型から第３文型への書きかえ。動詞が make なので，前置詞は for をとる。

3 答 (1) He got sick last month.
(2) The news made me sad.

解説 (1)「〜になる」は get で表す。(2)「O を C にする」は make OC で表す。

◆**アドバイス**◆ まちがえやすい make
動詞 make の第４・第５文型の見分け方
　（例）　She made him a dress.
make O（人）O（もの）「人にものを作る」と訳す。➡第４文型。「彼女は彼にドレスを作ってあげました。」
　（例）　She made him a doctor.
make OC「O を C にする」で訳す。【O＝C】の

■**チャレンジ問題**
（例１）　I'll give you a soccer ball.
（例２）　I'll give a soccer ball to you.

解説 give O（人）O（もの），または give O（もの）to （人）で表す。

〈全訳〉
母：次の金曜日はあなたの誕生日です。誕生日に何が欲しいの。
ケン：サッカーボールが欲しいんだ。
母：わかったわ。（例１／あなたにサッカーボールを，例２／サッカーボールをあなたに）あげましょう。
ケン：ありがとう。

13 否定

本冊 p.30〜p.31

例題 答 (1)no (2)few (3)not, always

解説 (1)「ひとつも〜ない」は no 〜で表す。(2)「(数が) ほとんど〜ない」は few 〜で表す。not は不要。(3)「いつも〜というわけではない」は not always 〜で表す。

● 練習問題 ●

p.30〜p.31

1 答 (1)No, one (2)Nothing
(3)never, without (4)Nobody (5)rarely (seldom)

解説 (1)「だれも〜ない」nobody か no one で表す。(2)「何も〜ない」は nothing で表す。(3)「…すれば必ず〜する」は never ... without 〜ing で表す。(4)「だれも〜ない」nobody か no one で表す。(5)「めったに〜ない」は rarely か seldom で表す。

2 答 (1)○ (2)× (3)× (4)×

解説 (1)「私にはお金がありません。」no 〜で「ひとつも〜ない」の意味を表す。(2)nobody は not とともに用いることができない。Nobody is proud of her.「だれも彼女のことを誇りに思っていません。」が正しい文となる。(3)any 〜 not の語順で用いることができない。No students brought the textbook.「教科書を持ってきた生徒はだれもいませんでした。」が正しい文となる。(4)either 〜 not の語順で用いることができない。Neither of us arrived at the museum.「私たちのどちらも博物館に到着しませんでした。」が正しい文となる。

3 答 (1)didn't, any (2)nothing, to
(3)don't, either

解説 (1)「私にはスピーチをする時間がありませんでした。」no 〜は not any 〜で書きかえることができる。had があるので，最初の空欄には don't ではなく didn't が入る。(2)「彼らには飲み物がありません。」not anything 〜は nothing 〜で書きかえることができる。(3)「私たちは彼らのどちらも知りません。」neither 〜は not either 〜で書きかえることができる。

4 答 (1) That dog seldom barks.
(2) She wasn't angry at all.
(3) I don't visit both temples.
(4) Nobody can run as fast as he.

解説 (1)「めったに〜ない」は seldom で表す。一般

動詞の前に置く。(2)「まったく〜ない」は not 〜 at all で表す。(3)「両方〜というわけではない」は not both 〜で表す。(4)nobody を主語に置き，「０人が彼と同じくらい速く走ることができる。」つまり，「彼と同じくらい速く走れる人はいません。」となる。

5 答 (1) 彼女はめったに車を運転しません。
(2) コップには水がほとんどありません。

解説 (1)rarely は「めったに〜ない」の意味を表す。(2)little 〜は「(量が) ほとんど〜ない」の意味を表す。

◆アドバイス◆ few と little

few と little の前に a がつくと「少し〜」の意味になる。

There are a few students in the classroom.
「教室には少し生徒がいます。」
I have a little money with me.
「私には少しお金があります。」

◆アドバイス◆ 頻度を表す副詞

【100%】**always**「いつも」
【80%】**usually**「たいてい」
【60%】**often**「よく，しばしば」
【50%】**sometimes**「ときどき」
【10%】**rarely/seldom**「めったに〜ない」
【0%】**never**「決して〜ない」
頻度を表す副詞は be 動詞のあと，一般動詞の前に置く。

1 答 ⑴by ⑵in, front, of ⑶make
⑷hardly(scarcely) ⑸at, all

解説 ⑴「〜のそばで」は前置詞 by で表す。⑵3語
で表す「〜の前に」は in front of 〜。⑶第5文型を
とる動詞 make で表す。⑷「(程度が)ほとんど〜な
い」は hardly か scarcely で表す。

2 答 ⑴taller, tallest ⑵easier, easiest
⑶more, difficult, most, difficult ⑷better, best
⑸worse, worst

解説 ⑴⑵は規則的に変化する。⑶は長いつづりの
語なので, er, est ではなく more, most をつける。
⑷⑸は不規則に変化する。

3 答 ⑴under ⑵think, that ⑶when
⑷who(that) ⑸as, possible ⑹better, than
⑺feel ⑻named ⑼rarely(seldom)
⑽not, always

解説 ⑴「〜の下で」は前置詞 under で表す。⑵「私
はジェーンが正しいと(いうことを)思います。」
と,「いうことを」を補う接続詞 that を用いて表す。
⑶時を表す関係副詞 when を用いる。⑷あとに動詞
が続き, 先行詞が「人」なので, 主格の関係代名詞
who か that で表す。⑸「できるだけ〜」は〈as 〜 as
possible〉で表す。⑹「B よりも A のほうが好き」
は,〈like A better than B〉で表す。⑺第2文型をと
る動詞 feel で表す。⑻「O を C と名づける」は, 第
5文型をとる動詞 name OC で表す。⑼「めったに
〜ない」は rarely か seldom で表す。⑽「いつも〜
というわけではない」は not always 〜で表す。

4 答 ⑴at ⑵If ⑶which ⑷whose
⑸more interesting

解説 ⑴「私は毎朝6時に起きます。」時刻につく前
置詞は at になる。⑵「もしあなたが熱心に勉強する
なら, 試験に合格するでしょう。」If「もし〜」を
用いる。他の選択肢の Though 〜「〜だけれども」,
Till 〜「〜までずっと」は, 文意に合わない。⑶「こ
れはメアリーが書いた手紙です。」あとに主語, 動詞
が続き, 先行詞が「もの」なので, 目的格の関係代
名詞 which で表す。⑷「屋根が赤い家はケンのので
す。」あとに名詞が続くので, 所有格の関係代名詞
whose で表す。⑸「この映画はあの映画よりもおも
しろいです。」あとに than があるので, 比較級を選
ぶ。

5 答 ⑴because ⑵which(that) ⑶taller
⑷to

解説 ⑴「雪が激しく降っていたので, 私は家にい
ました。」so は「だから」, because は「〜なので」
の意味を表す。⑵「これはおもちゃです。彼は長い
間それを欲しがっていました。」「これは彼が長い間
欲しがっていたおもちゃです。」関係代名詞への書き
かえ問題。あとに主語, 動詞が続き, 先行詞が
「もの」なので, 目的格の関係代名詞 which か that
で表す。⑶「ケンジはメアリーほど背が高くありま
せん。」「メアリーはケンジよりも背が高いです。」
〈A not as 〜 as B〉「A は B ほど〜ない」は,〈B 〜er
than A〉「B は A よりも〜」で書きかえることがで
きる。⑷「友だちは私に消しゴムを貸してくれまし
た。」第4文型から第3文型への書きかえ。動詞が
lent (lend の過去形)なので, 前置詞は to をとる。

6 答 ⑴ You'll get to the station at seven if
you take that bus.
⑵ This is the wallet which my uncle gave me.
⑶ This building is not as new as that one.
⑷ She brought me a glass of water.
⑸ There are few fish in this lake.

解説 ⑴「もし〜」は if で表す。⑵which は目的格
の関係代名詞。⑶「A は B ほど〜ない」は〈A not as
〜 as B〉で表す。⑷「人にものを持ってくる」は
〈bring O (人) O (もの)〉で表す。⑸「(数が)ほとん
ど〜ない」は few 〜で表す。

本冊 p.34〜p.35

例題 **答** (1)Let's, make (2)Don't, play

解説 (1)「一緒に〜しましょう」は〈Let's＋動詞の原形〜.〉で表す。(2)「〜してはいけない」は否定命令文，〈Don't＋動詞の原形〜.〉で表す。

● 練習問題 ● p.34〜p.35

1 **答** (1)Let's, sing (2)Wash, hands
(3)Please, come (4)Take, or

解説 (1)「一緒に〜しましょう」という意味の〈提案・勧誘〉を表す命令文。〈Let's＋動詞の原形〜.〉で表す。(2)動詞の Wash で書きはじめる命令文。(3)「〜してください」という意味のていねい口調の命令文。〈Please＋動詞の原形〜.〉で表す。(4)「もっと運動をする」は take(get/do) more exercise と表す。「さもないと」は or で表す。

2 **答** (1) Get up early tomorrow.
(2) Don't play baseball in the park.
(3) Be kind to old people.
(4) Let's play soccer after school.

解説 (1)「明日は早く起きなさい。」という意味の命令文で，動詞 Get から書きはじめる。(2)「公園で野球をしてはいけない。」という意味の否定命令文。〈Don't＋動詞の原形〜.〉を表す。(3)「お年寄りには親切にしなさい。」という意味。〈Be＋形容詞〉という形の be 動詞ではじまる命令文。(4)「放課後に野球をしましょう。」という意味の〈提案・勧誘〉を表す命令文。〈Let's＋動詞の原形〜.〉で表す。

3 **答** (1) Let's make pancakes together.
(2) Don't run in the hallway.
(3) Never be late for school again.
(4) Please be quiet in the library.

解説 (1)「一緒に〜しましょう」という意味の〈提案・勧誘〉を表す Let's make で書きはじめる。(2)「〜してはいけない」という意味の否定命令文で，Don't run ... で書きはじめる。(3)Don't と違い，Never ではじまる命令文は「強い禁止」を表し，「長い期間にわたる禁止」の意味を含む。(4)ていねい口調の be 動詞で始まる命令文なので，Please be quiet ... で書きはじめる。

◆**アドバイス**◆ その他の命令文の表現
 呼びかけの語をともなう命令文。

「ジョン，私の言うことをよく聞きなさい。」
＝John, listen to me carefully.
 文末に付加疑問（p.36 参照）をつけた，ていねいな命令文
「窓を開けてくれませんか。」
＝Open the window, will you?

■**チャレンジ問題**

答 (1)Don't speak (2)Let's take(have)
(3)Wash your (4)Be careful.(Watch out.)

解説 (1)「日本語厳禁」なので，「日本語を話してはいけません。」(2)「お茶にしましょう。」break は「短い休憩」の意味。(3)「しっかり手洗いしてね。」(4)「気をつけて。車が来ています。」watch out は「気を付ける，警戒する」という意味。

17

15 付加疑問・間接疑問

本冊 p.36〜p.37

例題 **答** (1)aren't, you　(2)does, he　(3)where, is　(4)Who, he, is

解説 (1)肯定文の You are tired, に続く付加疑問は，否定の付加疑問の aren't you? が続く。(2)一般動詞を含む否定文の He doesn't know ... に続く付加疑問は，肯定の付加疑問の does he? が続く。(3)Where is the concert held? が動詞 know の目的語に続く間接疑問になると，where the concert is held という語順になる。(4)Who is he? という疑問文が do you think に続く間接疑問になると，Who do you think he is? という語順になる。

● 練習問題 ●
p.36〜p.37

1 **答** (1)Call, will, you　(2)haven't, have, you　(3)wonder, if　(4)Let's, shall　(5)what, is, in

解説 (1)命令文の Call a taxi for me に続く付加疑問は，will you? となる。(2)You haven't finished your homework yet に続く付加疑問は，肯定の付加疑問の have you? となる。(3)「〜するかな」は I wonder if SV となる。if someone can answer this question は wonder に続く間接疑問。(4)「さあ〜しよう」の Let's 〜に続く付加疑問は，shall we?(5)すでに，〈疑問詞＋動詞〜〉の構造の疑問文が他動詞 know の目的語になっている間接疑問。

2 **答** (1) Do you understand what language she is speaking?

(2) What do you think this box is made of?

(3) I don't know how much he paid for the car.

解説 (1)What language is she speaking? という疑問文が understand の目的語の位置に入ると，understand ＋〈疑問詞＋S＋V〉という語順で understand what language she is speaking となる。(2)What is this box made of? が，do you think の目的語に入ると，〈疑問詞＋do you think＋S＋V ...?〉となるため，What do you think this box is made of? となる。(3)How much did he pay for the car? という疑問文が，I don't know に続く目的語の位置に入る間接疑問文となるので，how much he paid for the car の形で I don't know に続く。

16 仮定法

本冊 p.38

例題 **答** (1)had　(2)had, left　(3)could　(4)prepared　(5)knew

解説 (1)「もし私に十分な時間があれば，あなたと昼食を食べられるだろう。」という仮定法過去。実際は，「私にはあまり時間がないので，あなたと昼食を食べられない。」という意味。(2)「あなたはもっと早く家を出ていたら，始発の列車に間に合ったのに。」という仮定法過去完了。実際は「あのとき家を早めに出なかったので，始発に間に合わなかった。」という意味。(3)「あなたと同じくらい英語を流ちょうに話せたらいいのに。」この文は「私はあなたほど流ちょうに英語を話せない。」という現在の事実とは反対の願望を表す文。(4)「あなたは来週の会議の準備をしてもいい時です。」〈It is time＋仮定法過去〉は「もう S は〜してもいい時です」という意味の慣用表現。「あなたが来週の会議の準備をしない。」ことへの不満を表す。(5)「メグはまるでその有名な歌手を個人的に知っているかのような口ぶりだ。」〈as if＋仮定法過去〉は「まるで〜であるかのように」という意味の慣用表現。

● 練習問題 ●
p.38

1 **答** (1) If it were not for changes, our life would be boring.

(2) If it had not been for your help, I could not have succeeded.

(3) But for my father's advice, I could not have passed the job interview test.

解説 (1)「もし今〜がなければ」という意味の〈If it were not for 〜〉の問題。仮定法過去を用いた慣用表現。(2)「もしあのとき〜がなかったら」という意味の〈If it had not been for 〜〉の問題。仮定法過去完了の慣用表現。(3)But for 〜は If it were not for 〜や If it had not been for 〜と同じ意味。この問題は，「あのとき父の助言がなかったら」という意味なので，If it had not been for my father's advice と言いかえることができる。

17 分詞構文

本冊 p.39

例題 答 (1)Arriving (2)Being (3)Drinking (4)Frankly

解説 (1)〈時〉を表す副詞節の When I arrived at the station, を分詞構文にすると，Arriving at the station, となる。(2)〈理由〉を表す副詞節の As [Since/Because] Keiko was absent from school, を分詞構文にすると，Being absent from school, となる。(3)〈V-ing ～〉が「～しながら」という「同時に行われている動作」（付帯状況）を表す分詞構文になる。drinking Coke が「野球の試合を見ていた」と同時の動作を表す。(4)frankly speaking「率直に言えば」という慣用的な独立分詞構文。「話し手（私）や一般の人々（we, you など）が意味上の主語」となる。

● 練 習 問 題 ●　　p.39

1 答 (1) The woman was sitting with her legs crossed.

(2) Not knowing what to do, I asked him for advice.

(3) Having locked all the doors, I went to bed.

解説 (1)〈with＋O＋現在分詞／過去分詞〉は「O が～している［～される］状態を保ちながら」という意味の分詞構文。この問題では，「その女性が脚を組んだ状態を保ちながら」という意味で用いられているので，with her legs crossed となる。(2)「～しないので」という意味の分詞構文は，〈Not ～ing〉で表す。そして，「どうすればいいか」は〈疑問詞＋不定詞〉の慣用表現を使って，what to do で表すため，Not knowing what to do となる。(3)「戸締りを全部してから」は「私は寝ました」より先に行った動作である。それを反映する分詞構文は，完了形（Having locked）を用いた構文になる。

18 強調構文

本冊 p.40

例題 答 (1) It was John that[who] bought some souvenirs for his family.

(2) It was the notebook that[which] Judy left at the subway station.

解説 (1)「家族のためにいくつかのお土産を買ったのはジョンだ。」問題文（「ジョンはいくつかのお土産を家族に買った。」）の主語である John が強調したい語なので，It was ～ that の「～」に John をいれる。残りの動詞以下を that のあとに置く。(2)「ジュディが地下鉄の駅に忘れてきたのはそのノートでした。」問題文（「ジュディは地下鉄の駅にノートを忘れた。」）の目的語である the notebook が強調したい語なので，It was ～ that の「～」に the notebook をいれる。目的語を抜いた他の語句を that のあとに置く。

● 練 習 問 題 ●　　p.40

1 答 (1) It wasn't until yesterday that I heard the news.

(2) It was my mother who left the house unlocked.

(3) It was at this stadium that Masaru hit a grand slam.

解説 (1)not until yesterday が「昨日になって初めて」という意味の強調したい語句なので，それを It was と that の間にいれる。残りを that のあとに置く。(2)主語である my mother が強調したい語句。強調したい語句が「人」なので，It was ～ who になっている。その「～」の位置に my mother をいれる。残りの who 以下に left the house unlocked を置く。(3)この文は at this stadium を強調したいので，It was ～ that の「～」に at this stadium を入れ，Masaru hit a grand slam を that のあとに置く。

19 話法

本冊 p.41

例題 答 (1) Lisa (told) me (that) I had to hand in the paper that day.

(2) Lisa (asked) me when (my) birthday was.

(3) Lisa (asked) me if I (liked) Italian food.

(4) Lisa (told) me (to) hurry up.

解説 (1)平叙文の場合の話法転換の問題。

(2)疑問詞で始まる疑問文の場合の話法転換の問題。

(3)Yes/No 疑問文の場合の話法転換の問題。

(4)命令文の場合の話法転換の問題。

◆**アドバイス**◆　副詞の交代

時や場所を表す副詞は，状況に応じて以下のように変える。

【直接話法】	→	【間接話法】
now（今）	→	then（そのとき）
today（今日）	→	that day（その日）
yesterday（昨日）	→	the day before（前日）
tomorrow（明日）	→	the next day（翌日）

など

● 練 習 問 題 ●　　　p.41

1 **答** (1) She (told) him that he (would) win the game.

(2) He asked me (if) I (was) all right.

(3) He (told) me not (to) touch his computer.

解説 (1)「彼女は彼に『あなたならその試合に勝つでしょう』と言った。」平叙文の話法転換の問題。

(2)「彼は私に『大丈夫ですか』と言った。」Yes/No 疑問文の話法転換の問題。

(3)「彼は私に『私のコンピューターに触れないで』と言った。」否定命令文の場合の話法転換の問題。

◆**アドバイス**◆　小説で「登場人物の心理描写」
　　　　　　　　として使われる描出話法

突然，過去・過去完了時制を含むイタリック体の文として登場し，下記の役割をはたす。

・作者が登場人物の独白を表す。

・作者が登場人物の心理描写を行う。

・作者が登場人物の気持ちを代弁する。

例 She stared at him in amazement. *How could he come back so soon?*

---

1 **答** (1)Without (2)Judging, from (3)with, closed (4)Never, give (5)It, that (6)as, if (7)I, wish (8)shall, we

解説 (1)仮定法の慣用表現のひとつで，「もし今～がなければ」という意味の前置詞 without の問題。(2)「～から判断すると」は Judging from ～ で表す。慣用的な分詞構文。(3)付帯状況を表す〈with＋名詞＋分詞〉の問題。ここでは〈with＋名詞＋過去分詞〉で，her eyes are closed の意味を表している。(4)「決して～してはいけません」は，Don't ではなく Never で始まる命令文で表す。(5)強調構文の問題。at this store を強調するために，強調構文 It was ～ that の「～」の位置にいれたもの。(6)仮定法の慣用表現のひとつで，as if ～。「まるで～であるかのように」という意味。(7)「願望」を表す〈I wish＋S＋仮定法過去〉の問題。「今～であればよいのに」という意味。(8)命令文のひとつであるLet's ～，にともなう付加疑問は shall we? をつける。

2 **答** (1)Be, quiet (2)told, she, next (3)asked, what, eaten (4)Weather (5)Shall (6)But, for (7)were[was], could (8)Don't, be (9)Let's, take (10)Having, finished

解説 (1)「図書館で静かにしなければ，出ていくように言われるでしょう。」「もしあなたは～しなければ，…するだろう」＝「～しなさい，さもないと…するだろう」〈命令文, or you will ...〉を用いる。(2)「リサは私に『明日あなたに会いに行きます』と言った。」平叙文の話法転換の問題。(3)「医師は私に『昨日は何を食べましたか』と言った。」疑問詞で始まる疑問文の話法転換の問題。(4)慣用的な分詞構文のひとつ。Weather permitting＝If it is fine「天気が良ければ」(5)「少し新鮮な空気を吸いに外に出ましょう。」Let's ～＝Shall we ～? (6)「あなたの助けがなかったら，私たちの計画は完成しなかっただろう。」If it had not been for を語句で表すと But for か Without になる。(7)現実と異なり，「この部屋がもう少し大きければ，ベッドを入れられるのだが。」という仮定法過去の問題。(8)「明日の会議に遅れてはいけない。」「～してはいけない」は，You must not ～＝Don't ～。(9)「ここでひと休みしましょうか。」「一緒に～しましょうか」は Shall we ～?＝Let's ～ (10)「私は宿題を終えたあと，寝ました。」前半は先に

したことなので，完了形の分詞構文を用いる。Having finished ... にする。

3 **答** (1) Kenji, it's about time you got up.

(2) He went to school with his bike unlocked.

(3) When do you think he is coming?

(4) Tell me what your mother is like.

(5) Not knowing what to say, he remained silent.

解説 (1)仮定法過去を含む慣用表現の〈It's time S＋仮定法過去〉「もう～してもいい頃だ」(2)「～を…して」という意味の〈with＋O＋分詞〉の問題。(3)構文として埋め込まれた間接疑問文。〈疑問詞＋do you think＋S＋V～?〉「疑問詞＋S＋V だと思う？」(4)what is A like?（A はどんな～なのか）が Tell me のあとに間接疑問として埋め込まれたもの。(5)否定形の分詞構文で〈理由〉を表す。

4 **答** (1) Who was it that took the picture of the beautiful scene?

(2) Mike asked me if I liked French food.

(3) Yoshiki asked me to help him with his homework.

(4) It was a young girl that[who] told me the way to the station.

解説 (1)疑問詞が強調語句である強調構文は〈疑問詞＋was it that ...?〉「美しい景色の写真を撮ったのはだれでしたか。」(2)Yes/No 疑問文の話法転換の問題。「マイクは私にフランス料理が好きかどうかたずねた。」

Mike said to me, "Do you like French food?"
    ↓   ↓   ↙   ↙
Mike asked me if I liked French food.

(3)ていねい口調の命令文の話法転換の問題。「ヨシキは私に宿題を手伝ってくださいと言った。」

Yoshiki said to me, "Please help me with my ...
    ↓   ↓   ↙   ↙   ↙
Yoshiki asked me to help him with his ...

(4)SVOO の S が強調したい語である強調構文〈It was＋S＋that＋V＋O＋O.〉。「駅までの道を教えてくれたのは，若い女性でした。」

20 語形変化

本冊 p.44〜p.45

例題 **答** (1)sent (2)spoken (3)open

解説 (1)「彼女は先週，友だちに人形を送った。」最後に last week があるので，過去形の sent が入る。(2)「この国では何語が話されていますか。」疑問詞 What language を主語とする受動態なので，過去分詞形の spoken が入る。(3)「この窓を開けてはいけない。」「〜してはいけない」という不許可の助動詞 may not のあとは動詞の原形。

● 練習問題 ●　　　　　　　p.44〜p.45

1 **答** (1)smaller (2)written (3)twelfth (4)children (5)swimming (6)prettier (7)better

解説 (1)「ニュージーランドは日本より小さい。」直後に than があるので，比較級の smaller が入る。(2)「私は英語で手紙を書いたことがない。」have never があるので現在完了（経験）の否定形「〜したことがない」。(3)「今日はケイコの 12 歳の誕生日だ。」「12 年目」という意味で twelfth が入る。(4)「お子さんは何人いらっしゃるんですか。」〈How many ＋複数名詞〉なので children が入る。(5)「キャロルは泳ぐのがとても得意だ。」is good at のあとは動名詞 swimming が入る。(6)「それは部屋の他のどの人形よりかわいかった。」than があるので比較級の prettier が入る。(7)「欠点があるからいっそう私は彼女が好きだ。」〈all the＋比較級＋for 〜〉で better が入る。

2 **答** (1)イ (2)ウ (3)イ (4)エ (5)イ (6)ア

解説 (1)「君のネコは私のネコよりもかわいい。」比較変化は pretty-prettier-prettiest で prettier を選ぶ。(2)「東京は世界最大都市のひとつだ。」〈one of the 最上級・形容詞＋複数名詞〉という慣用表現。(3)「彼はその難しい試験に合格した。」succeed in 〜 ＝be successful in 〜。(4)「彼女は品の良い老婦人です。」respect の形容詞形の問題。respectable は「立派な，品の良い」，respectful は「敬意を表す」，respective は「それぞれの」。(5)「彼は想像力に富む作家であり，多くの小説を書いてきた。」imagine の形容詞形の問題。imaginative は「想像力豊かな」，imaginable は「想像できる」，imaginary は「想像上の」。(6)「その探検家はその島で隠された宝を見つけた。」hide の過去分詞形が正解。

3 **答** (1)laid (2)drew (3)talking (4)to come (5)sensitive

解説 (1)「昨日，その少年は床に新しいカーペットを敷いた。」他動詞 lay（〜を敷く）の過去形は laid。自動詞 lie（横たわる）の過去形は lay。(2)「その生徒は昨日，黒板に自分の家の絵を描いた。」draw（描く）の過去形は drew。(3)「昼休みに君との会話を楽しんだ。」enjoy の目的語は名詞や動名詞。(4)「将来はまたここに戻りたい。」hope の目的語は不定詞か that 節。(5)「リサはクラスメートからの批判には敏感だ。」sensitive は「敏感な，過敏な」，sensible は「分別のある」という意味の形容詞。

4 **答** (1)break (2)close (3)miss (4)run (5)fine (6)last

解説 同形異義語の問題。(1)「何時間も仕事をしたあと，数分の休憩を取った。」「私は決して約束を破らない。」(2)「私のアパートは駅に近いのでとても便利です。」「ここはとても寒いのでドアを閉めてくれませんか。」(3)「終電に乗り遅れてはいけない。」「長い間離れているので家族がいなくて寂しい。」(4)「すみませんが，そんなに速く走れない。」「友人の 2 人は素敵なレストランを経営している。」(5)「昨日，彼は病気だったが，今日はまったく元気そうでした。」「彼女は違法駐車で罰金を払わなければならなかった。」(6)「私はこの 5 年間で数冊の小説を書いてきた。」「彼はそんな愚かなことは決してしない人だ。」the last A to do 〜は「最も〜しそうにない A」という慣用表現。

◆アドバイス◆　同形異義語の代表例

book「本，予約する」　bill「請求書，法案」
point「要点，先端」　hot「暑い，辛い」
free「自由な，無料の，〜のない」
right「正しい，右の，権利」
party「パーティ，政党，当事者」
solution「解決策，水溶液」
room「部屋，空間，余地」　　　　など

◆アドバイス◆　同音異義語の代表例

one（ひとつ）- won（win の過去形）
eight（8）　- ate（eat の過去形）
son（息子）　- sun（太陽）
red（赤）　- read（※過去形）
meet（会う）- meat（肉）　　　　など

21 空所補充・適語選択

本冊 p.46

例題 **答** (1)ア (2)エ (3)イ (4)ア (5)エ

解説 (1)「あとどれくらいしたら試合が始まりますか。飲み物でも買いたいのですが。」疑問詞 how を用いた表現の how soon は「あとどれくらいしたら」という意味。未来時制をともなう。(2)A:「暑いね。」B:「そうだね。木の陰でひと休みしましょう。」shade「日陰」という意味で、「日光が当たらないために温度が低くなった空間」のこと。(3)A:「ロックコンサートが生放送されるそうだね。」B:「見逃せないね。」期待の放送番組なので「見逃せない」というのが答え。miss「逃す、見落とす」(4)A:「少しの間、この辞書を借りていいですか。」B:「いいけど、済んだらすぐに返してください。」「無料で借りる」のborrow が正解。lend は「無料で貸す」、rent は「長期間、家や部屋を賃貸する」、hire は「短期間で賃貸する」ときに使う。(5)「車が故障したので、時間通りにそこに着けないだろう。」break down「(機械・車が)故障する、壊れる」break-broke-broken

● 練習問題 ●

p.46

1 **答** (1)イ (2)ウ (3)ウ (4)エ

解説 (1)「昨日、日本を出ますと書いてあるテッドからの手紙を受けとりました。」〈名詞＋分詞句〉という形で名詞をうしろから修飾するもの。saying that ... が前にある名詞 a letter を修飾している。(2)「台風が作物に何も損害を与えないようにと願いました。」do harm to A「A に損害・被害を与える」(3)「あなたのお姉さんが突然結婚したという知らせを聞いて驚きました。」特定の名詞(the rumor, the fact, the news, the rumor)のあとにthat 節が続いて「同格的説明」を加えることがある。(4)「ジェシカは娘がそのテストに落ちたことを聞いてがっかりしました。」disappointed は「失望して、がっかりして」という形容詞。be disappointed の形で用いる。

22 語群整序

本冊 p.47

例題 **答** (1) My brother will be living a comfortable life this time next week.

(2) You had better not eat so many snacks.

(3) If it had not been for the traffic jam, I would have caught the flight.

解説 (1)will be ～ing という「未来進行形」(未来の基準時での進行中動作)の問題。「来週[明日, 来月]の今頃、～しているだろう」(2)助動詞 had better は「～したほうがいい、～するべきである」という意味。命令の強さは must に次ぐ。否定形は〈had better not＋動詞の原形〉で「～しないほうがいい」という意味。「助言」としてよく使われる。(3)仮定法過去完了の慣用表現。If it had not been for A「(あのとき, 実際に起こった)A がなかったら」という文脈。類似表現として If it were not for A がある。「今ある A がなければ」という仮定法過去の慣用表現。

● 練習問題 ●

p.47

1 **答** (1) Hiroshi is not old enough to get a driver's license.

(2) This new plan is worth thinking about.

(3) The smaller the garden is, the easier it is to look after it.

解説 (1)不定詞を含む慣用表現。〈... enough to ～〉は「～できるほど…」,「十分に…なので～」という意味。この問題のように否定文の場合,「～できるほど…ではない」という意味になる。(2)〈S is worth ～ing.〉は「S は～する価値がある。」という意味。動名詞を用いた慣用表現で、S は～ing の意味上の目的語となる。この問題となっている英文を It を主語にして言いかえると、It is worth thinking about this new plan. となる。(3)比較級を用いた慣用表現。〈The＋比較級..., the＋比較級～〉「…すればするほど、ますます～」という意味。2つの性質や状態の程度が、比例して変化することを表す。

本冊 p.48

例題 **答** (1)taken out　(2)on Sunday
(3)change trains

解説 (1)〈get＋O（もの）＋過去分詞〉は「O を〜してもらう」という意味の表現。下線部を過去分詞の taken out にして，get my bad tooth taken out にすれば，「虫歯を抜いてもらう」となる。(2)「〜曜日に」は〈on＋曜日〉という形。(3)「列車を乗りかえる」は change trains。

● 練習問題 ●　　　　　　p.48

1 **答** (1)Each　(2)before
(3)I am really interested　(4)it is
(5)the most exciting film

解説 (1)「候補者の一人一人は，その問題を克服するためのそれぞれの計画を持っている。」every は〈every＋単数名詞〉でないと使用できないが，each の場合は〈each＋単数名詞〉や〈each of 複数名詞〉が可能である。(2)「彼が駅に着いたとき，終電はほんの数分前に出ていた。」前半は「過去の一時点の出来事」なので過去時制を用いるが，後半は「それよりさらなる過去の出来事」なので過去完了と before を用いる。(3)「私はブラジルの熱帯雨林の生態系に本当に興味を持っている。」〈もの〉が主語の場合は interesting を，〈人〉が主語の場合は interested を用いる。(4)「明日天気が晴れなら，Sunset Beach にピクニックに行くかもしれない。」〈条件〉を表す副詞節では，内容が未来でも動詞の時制は現在時制を用いるため，it will be→it is に訂正する。(5)「あなたはとにかくこの映画を見ないといけない。私が今まで見た中で最高におもしろい映画だから。」最上級を表すには -est を含む語か the most ... にする。なお，simply must ... は「余計なことを考えずに，とにかく…しなければならない」という意味。

本冊 p.49

例題 **答** (1) Will you tell me the way to the station? / Will you tell me how to get to the station?

(2) If you want to stay healthy, you should get exercise.

(3) Some people think (that) money is the most important.

解説 (1)「人に〜への道を教える」は，〈tell＋人＋the way to〜〉や〈tell＋人＋how to get[go] to〜〉。「〜してくれませんか」は〈依頼〉の Will[Would] you〜? (2)実現可能性のある内容なので，仮定法ではなく，普通の条件節を用いる。「健康を維持する」は stay healthy や be in good health で表す。「運動をする」は，get[do/take] some exercise。(3)「…と考える人もいる」は some people think (that) ... で表す。

● 練習問題 ●　　　　　　p.49

1 **答** (1) I wish I hadn't bought such an expensive watch.

(2) This bag is just what I wanted.

(3) It's kind of you to say so.

(4) She is so selfish that I can't work with her.

(5) Most Japanese have studied English for more than six years. / Most Japanese have been studying English for more than six years.

解説 (1)「買わなければ」と否定なので I hadn't bought とする。(2)「まさに」は just，「私が欲しかったもの」は関係代名詞 what を使う。(3)〈It is＋形容詞＋of＋人＋to 不定詞〉を使う。(4)so があるので〈so＋形容詞＋that ...〉「とても〜なので…」を使う。(5)Most Japanese で「日本人のほとんど」。「6 年以上学んできている」は現在完了の継続。have studied ... for more than six years か have been studying ... for over six years で表す。

25 会話表現

例題 **答** (1)How, you (2)Have, good[nice]
(3)No (4)What's (5)help, yourself
(6)everything

● 練習問題 ●
p.50

1 **答** (1)don't, you (2)What, do (3)problem
(4)help (5)up, Take

解説 (1)

> A：この部屋の中は暑いですね。
> B：窓を開けたらどうですか。
> A：わかりました。開けます。

「窓を開けたらどうですか。」という意味の Why
don't you open the window? は〈提案〉を表す典型
的な会話表現。

(2)

> A：お仕事は何ですか。
> B：英語の教師をしています。

What do you do (for a living)? 「お仕事は何をなさ
れていますか。」似たような表現で What is your
job? があるが、文脈では「上から目線」になること
があるので避けたほうがよい。

(3)

> A：タクシーを呼んでいただけませんか。
> B：かしこまりました。すぐに呼びますね。

No problem. は会話では「了解」の返事。

(4)

> A：ジュースをいただいてもいいですか。
> B：ええ、ご自由にお飲みください。

〈help yourself to＋飲み物・食べ物〉は「ご自由にど
うぞおとりください」という定番の表現。この問題
では、「ジュースを～」と述べたあとなので、Help
yourself. と短く答えている。

(5)

> A：どうかしたの？顔色悪いけど。
> B：頭が痛いんだ。
> A：それはいけないね。お大事に。

What's up with ...? は、What's up? よりもシリアス
な場面で使われる。Take care. は「お大事に。」。

1 **答** (1)○ (2)○ (3)×

解説 (1)[tʊɡéðə] と [ðéə] で同じ。(2)[lˈʊk] と
[wˈʊd] で同じ。(3)[ˈniːəd] と [wɑt∫t] で異なる。

2 **答** (1)lived (2)for, to (3)books (4)Be
(5)running

解説 (1)現在完了の継続用法。〈have＋過去分詞〉
で表す。(2)〈It is ... for＋人＋to 動詞の原形〉「人が
～することは…」(3)数をたずねる表現は〈How
many＋複数形〉で表す。(4)be 動詞の命令文。Be
で は じ め る。(5)分 詞 の 形 容 詞 的 用 法。分 詞
(running) に関連する語句（in the park）がついて
いるので、名詞のうしろから修飾する。

3 **答** (1)was (2)Shall (3)told (4)doing
(5)who

解説 (1)「彼は先週、車を洗っていませんでした。」
過去進行形〈be 動詞 was＋ing 形〉の文で「～して
いた」と訳す。(2)「私が新聞を持ってきましょう
か。」「はい、お願いします。」Shall I ～?「（私が）～
しましょうか」(3)「彼女は私に息子の世話をするよ
うに言いました。」〈tell ... to ～〉「…に～するように
言う」(4)「ボブはついさっき宿題をし終えました。」
finish のあとは不定詞ではなく動名詞になる。(5)
「私には大阪に住んでいる友だちがいます。」あとに
動詞が続き、先行詞が「人」なので主格の関係代名
詞 who で表す。

4 **答** (1)mountain (2)aunt (3)basketball
(4)Wednesday (5)interesting (6)yellow

解説 (3)basket と ball の間をあけないことに注意。
(4)曜日は大文字ではじめる。

5 **答** (1) He will be nineteen years old.
(2) Do you know what he has in his bag?
(3) It was too cold for us to swim.
(4) He is the tallest of the seven.
(5) Who drives a car very carefully?

解説 (1)will のあとは be 動詞の原形である be を置
く。(2)間接疑問文。〈疑問詞＋主語＋動詞〉の語順
になることに注意する。(3)〈too＋形容詞 / 副詞＋to
～〉「とても…なので～できない」(4)最上級の文。
〈the ～est of ...〉「…の中で一番～」(5)Who は 3 人称
単数扱い。

6 **答** (1) The pencil was used by him.
(2) What did Kenji do yesterday?

(3)　These are new cars.

(4)　Look at the boy who is playing baseball over there.

(5)　Mike has not eaten lunch yet.

解説　(1)「その鉛筆は彼によって使われました。」〈be 動詞＋過去分詞〉で「～される」の意味になる。元の文が過去形なので，be 動詞も過去形にすることに注意。(2)「ケンジは昨日何をしましたか。」一般動詞 do は「する」の意味。(3)「これらは新車です。」this の複数形は these である。this を these にすることで，be 動詞を are にし，名詞を複数形にする。(4)「向こうで野球をしている少年を見なさい。」主格の関係代名詞の文。先行詞である the boy のあとに who is playing baseball over there を置く。(5)「マイクは昼食をまだ食べていません。」現在完了の完了・結果用法の文。否定文にするときは，has のあとに not を置き，already は yet にし文末に置く。

◆**アドバイス**◆　頻出単語に注意1

家族

father「父」, **mother**「母」, **brother**「兄［弟］」, **sister**「姉［妹］」, **uncle**「おじ」, **aunt**「おば」

曜日

Sunday「日曜日」, **Monday**「月曜日」, **Tuesday**「火曜日」, **Wednesday**「水曜日」, **Thursday**「木曜日」, **Friday**「金曜日」, **Saturday**「土曜日」

数字

eleven「11」, **twelve**「12」, **thirteen**「13」, **fourteen**「14」, **fifteen**「15」, **sixteen**「16」, **seventeen**「17」, **eighteen**「18」, **nineteen**「19」, **twenty**「20」, **hundred**「100」

★ **達成度確認テスト2**　p.53～p.54

1　**答**　(1)×　(2)○　(3)×

解説　(1)[gréɪt] と [bréd] で異なる。(2)[fʊt] と [wʊd] で同じ。(3)[ˈwɑtʃəz] と [goʊz] で異なる。

2　**答**　(1)will　(2)is loved　(3)to play　(4)swimming　(5)When, watching

解説　(1)未来の文。will ～で表す。(2)受動態は〈be 動詞＋過去分詞〉で表す。(3)不定詞の副詞的用法で「～するために」。(4)〈enjoy＋～ing〉「～して楽しむ」(5)「～したとき」は〈接続詞 when＋主語＋動詞〉「～していました」は過去進行形で表す。

3　**答**　(1)running　(2)went　(3)Will　(4)who　(5)Have

解説　(1)「彼はそのとき，公園で走っていましたか。」過去進行形の文。(2)「ヤマダさんは昨年，東京へ行きました。」last year があるので，過去形の文。(3)「窓を開けてくれませんか。」「いいですよ。」Sure.（いいですよ。）と答えているので，質問文は Will you ～?（～してくれませんか）で表す。(4)「プールで泳いでいる少年は私の弟です。」先行詞が人なので関係代名詞は who を用いる。(5)「あなたは今までにニューヨークを訪れたことがありますか。」現在完了の経験用法。〈Have＋主語＋ever＋過去分詞～?〉で表す。

4　**答**　(1)lake　(2)uncle　(3)baseball　(4)Thursday　(5)important　(6)blue

解説　(3)base と ball の間をあけないことに注意。(4)曜日は大文字ではじめる。

5　**答**　(1)　Which subject do you like?

(2)　I don't know where she lives.

(3)　We call the boy Ken.

(4)　This is the book which I read yesterday.

(5)　If I were rich, I could buy the car.

解説　(1)「どの～（名詞）」は〈which＋名詞〉で表す。(2)「彼女がどこに住んでいるか」は間接疑問文〈where＋主語＋動詞〉で表す。(3)「A を B と呼ぶ」は〈call＋A＋B〉で表す。(4)「私が昨日読んだ本」は関係代名詞 which を用いて表す。(5)「もし私が金持ちなら」「その車を買えるのに」はいずれも仮定法過去で表す。主節の助動詞は「～できるのに」の場合 could を用いる。

6　**答**　(1)　It is a lot of fun to play tennis.

(2)　Who helped the girl yesterday?

⑶　English is easier than Chinese.

⑷　The dog which[that] is running in the park is Pochi.

⑸　I don't have anything to do today. /I have nothing to do today.

解説　⑴「テニスをすることはとても楽しい。」動名詞が主語の文は不定詞を用いて〈It is ... to ～〉で書きかえる。⑵「だれが昨日その少女を助けましたか。」と主語をたずねる文にする。主語が疑問詞なので語順はかわらない。⑶「中国語は英語より難しい。」は「英語は中国語よりやさしい。」とほぼ同じ意味。〈比較級＋than ～〉で表す。⑷主格の関係代名詞の文。先行詞である The dog のあとに which（または that）is running in the park を置く。「公園で走っている犬はポチです。」⑸something（何か）の文を否定文にするときは，something を anything にかえることに注意。「私は今日，何もすることがありません。」

┌─◆**アドバイス**◆　頻出単語に注意2 ─
│ 色
│ white「白」，black「黒」，red「赤」
│ yellow「黄」，green「緑」，blue「青」
│ brown「茶」
└─────────────────

1　**答**　⑴○　⑵×　⑶×

解説　⑴[wʊ́mən] と [bʊ́k] で同じ。⑵[lǽf] と [tɔ́ːt]（gh は無音）で異なる。⑶[séɪ] と [sɛ́z] で異なる。

2　**答**　⑴have　⑵must　⑶reading　⑷taller than　⑸who

解説　⑴現在完了形の文は〈have＋過去分詞〉で表す。⑵「～しなければならない」は must ～で表す。⑶「～している…」は～ing 形に続く語句があるときは名詞のあとに～ing 形を置く。⑷「～より…」は〈比較級＋than ～〉で表す。⑸先行詞が人の場合，主格の関係代名詞は who を用いる。

3　**答**　⑴is, mine　⑵good, player　⑶am, to　⑷Shall, we　⑸is, cleaned

解説　⑴「これは私の本です。」は「この本は私のものです。」とほぼ同じ意味。所有代名詞（～のもの）を用いる。⑵「彼はとても上手に野球をします。」は「彼はとても上手な野球選手です。」とほぼ同じ意味。well「上手に」が good「上手な」にかわることに注意。⑶未来を表すには助動詞will を用いるか be going to ～を用いる。⑷Let's ～は Shall we ～? で書きかえることができる。⑸元の文の目的語が主語になるので受け身。〈be 動詞＋過去分詞〉で表す。

4　**答**　⑴September　⑵eye　⑶French　⑷Saturday　⑸sometimes　⑹popular

解説　⑴⑶⑷月名や言語名，曜日名は大文字ではじめる。⑸some と times の間をあけないことに注意。

5　**答**　⑴　This is a car made in Japan.

⑵　Ken is the oldest of the three.

⑶　Please give me the book.

⑷　I know the boy who broke the watch.

⑸　Do you know when she was born?

解説　⑴「～された…」は過去分詞に続く語句があるときは名詞のあとに置く。⑵「一番～」は〈the＋最上級〉で表す。⑶「（人）に（もの）を与える」は〈give＋人＋もの〉で表す。⑷「その時計を壊した少年」は主格の関係代名詞 who を用いる。⑸「彼女がいつ生まれたか」は間接疑問文〈when＋主語＋動詞〉で表す。

6　**答**　⑴　It is very hot today, isn't it?

⑵　When will they play tennis?

⑶　She has worked in the hospital before.

⑷　The woman who saw him yesterday is Ms. Kato.

⑸　I finished writing the report.

解説　⑴「～ですね」は付加疑問文〈isn't＋主語（代名詞）～?〉で表す。「今日は暑いですね。」⑵下線部を疑問詞 when に置きかえ，疑問文の語順に直す。「彼らはいつテニスをするつもりですか。」⑶before（以前に）を付け加えるので，動詞は現在完了形〈have＋過去分詞〉にする。⑷主格の関係代名詞の文。先行詞である The woman のあとに who saw him yesterday を置く。「昨日彼に会った女性はカトウさんです。」⑸finish は不定詞ではなく動名詞をとる動詞。「私はレポートを書き終えました。」

◆**アドバイス**◆　頻出単語に注意3

月名

January「1月」，February「2月」，March「3月」，April「4月」，May「5月」，June「6月」，July「7月」，August「8月」，September「9月」，October「10月」，November「11月」，December「12月」

体

eye「目」，nose「鼻」，mouth「口」，ear「耳」，hand「手」，finger「指」，foot（複数形は feet）「足」

言語

English「英語」，Japanese「日本語」，Chinese「中国語」，Korean「韓国語」，French「フランス語」，Spanish「スペイン語」